Beck-Rechtsberater im dtv

Meine Rechte und Pflichten als Vater

dtv

Beck-Rechtsberater

Meine Rechte und Pflichten als

Vater

Vaterschaft · Sorgerecht · Umgang
Namensrecht · Unterhaltsfragen
Erbrechtliche und Steuerrechtliche Fragen

Von Dr. Beate Wernitznig,
Rechtsanwältin in München

2. Auflage

Deutscher Taschenbuch Verlag

www.dtv.de
www.beck.de

Originalausgabe

Deutscher Taschenbuch Verlag GmbH & Co. KG,
Tumblingerstraße 21, 80337 München

Druck und Bindung: Druckerei C.H. Beck, Nördlingen
(Adresse der Druckerei: Wilhelmstraße 9, 80801 München)
Satz: ottomedien, Darmstadt
Umschlaggestaltung: Design Concept Krön, Puchheim,
unter Verwendung eines Fotos von © WavebreakmediaMicro, fotolia
ISBN 978-3-423-50756-1 (dtv)
ISBN 978-3-406-66033-7 (C. H. Beck)

9 783406 660337

Vorwort

Was der Begriff „Patchwork" für moderne Familienformen bedeutet, wissen wir spätestens seit es uns ein Weltstar vorgelebt hat. Die Sängerin Madonna hat bereits eine leibliche Tochter aus einer früheren Beziehung, als sie den Regisseur Guy Ritchie heiratet. Mit ihm bekommt sie ein gemeinsames Kind und adoptiert noch einen weiteren Jungen. Die Ehe zerbricht. Neben diesem bekannten Beispiel finden sich in unserer Gesellschaft die vielfältigsten Lebensmodelle.

Mit der Abkehr vom klassischen Familienmodell „Ehe auf Lebenszeit" stellen sich gerade für Väter – insbesondere für ungewollte Väter – neue Fragen:

- Bin ich der Vater des Kindes?
- Wie viel Unterhalt muss ich für wie lange zahlen?
- Kann ich Unterhalt für ein „Kuckuckskind" zurückfordern?

Die Vaterrolle kann sich dem Mann in den „mannigfaltigsten" Varianten darstellen und ebenso unterschiedlich sind auch die damit verbundenen Alltagsprobleme und rechtlichen Pflichten.

Aber auch die Probleme um die Vaterschaft als solche und den Kontakt zum Kind werfen Fragen auf:

- Kann ich einen Gentest verlangen?
- Wie oft kann ich mein Kind sehen?

Einige Väter gehen sehr sorglos mit der Frage nach einer möglichen Vaterschaft um. Es spielt keine Rolle, ob eine Vaterschaft gewollt war, oder der Mann sogar bewusst dazu benutzt wurde, ein Kind zu zeugen. Das Damoklesschwert der Unterhaltspflicht und des Erbrechts schwebt über diesen Vätern.

Dieser Ratgeber soll Ihnen die meist gestellten Fragen über die Rechte und Pflichten als Vater beantworten. Da sich das Thema Vaterschaft in zahlreichen Varianten darstellt, steht hier jedes einzelne Kapitel für sich.

Sie können sich Ihren eigenen Themenkatalog zusammenstellen, die zahlreichen Beispiele sollen Ihnen außerdem dabei helfen, juristische Probleme alltagsnah zu erklären.

Im Familienrecht, insbesondere bei Fragestellungen, die Kinder betreffen, steht der Einzelfall mit seinen individuellen Facetten im Vordergrund, sodass die genannten Beispiele nur einen möglichen Ausgang zur Verdeutlichung darstellen können.

München, im September 2014 *Beate Wernitznig*

Inhaltsübersicht

Inhaltsverzeichnis

Abkürzungsverzeichnis

AfA .... Absetzung für Abnutzung
Anm. .... Anmerkung
AV .... Arbeitslosenversicherung
BAföG .... Bundesausbildungsförderungsgesetz
BEEG .... Bundeselterngeld- und Elternzeitgesetz
BerHG .... Beratungshilfegesetz
BErzGG.............. Bundeserziehungsgeldgesetz
BGB .... Bürgerliches Gesetzbuch
BSHG .... Bundessozialhilfegesetz
Bsp. .... Beispiel
BVersG .... Bundesversorgungsgesetz
bzw. .... beziehungsweise
ca. .... circa
dh .... das heißt
EheG .... Ehegesetz
EStG .... Einkommensteuergesetz
etc .... et cetera (und so weiter)
evtl. .... eventuell
ff. .... fortfolgende
ggf. .... gegebenenfalls
idR .... in der Regel
Kfz .... Kraftfahrzeug
KJHG .... Kinder- und Jugendhilfegesetz
KV .... Krankenversicherung
LSt. .... Lohnsteuer
nF .... neue Fassung
OLG .... Oberlandesgericht
PflV .... Pflegeversicherung
Pkw .... Personenkraftwagen
RV .... Rentenversicherung
SGB .... Sozialgesetzbuch
sog .... so genannt
Soli .... Solidaritätszuschlag

ua .... und andere, unter anderem
UVG .... Unterhaltsvorschussgesetz
vgl. .... vergleiche
zB .... zum Beispiel
ZGHG .... Gesetz über die Gewährung von Leistungen an Zivilblinde, Gehörlose und Hilflose

1. Kapitel

Vaterschaft

Wenn es um rechtliche Fragen geht, kommt man in der Regel um feststehende Fachbegriffe nicht herum. Gerade beim Vaterbegriff gibt es zahlreiche rechtliche Varianten, die unterschiedliche rechtliche Stellungen haben. So unterscheidet das Recht nach dem rechtlichen und dem biologischen Vater. Der biologische Vater ist der genetische Erzeuger. Dieser Vater kann, muss aber nicht der rechtliche Vater sein. Laut Gesetz ist der rechtliche Vater, derjenige, der mit der Mutter verheiratet ist, die Vaterschaft anerkannt hat oder dessen Vaterschaft das Gericht festgestellt hat. Hierbei ist nicht entscheidend, ob dieser der Erzeuger ist. Ferner gibt es noch den Stiefvater. Er ist mit der Mutter des Kindes verheiratet, ohne jedoch der biologische oder rechtliche Vater zu sein.

Diese drei Vaterbegriffe sind strikt zu trennen, da sie rechtlich unterschiedlich behandelt werden.

1. Rechtliche Vaterschaft

Der biologische Vater (Erzeuger) ist nur dann Vater im Rechtssinne, wenn er im maßgeblichen Zeitraum mit der Mutter verheiratet war oder wenn er die Vaterschaft anerkannt hat oder wenn seine Vaterschaft gerichtlich festgestellt ist.

Für die Vaterschaft aufgrund Ehe kommt es allein auf die Tatsache des Verheiratetseins zum Zeitpunkt der Geburt an. Eine erleichterte

Möglichkeit der Anerkennung durch den leiblichen Vater besteht jedoch, wenn das Kind nach der Anhängigkeit (Einreichung des Scheidungsantrages) des Scheidungsantrages innerhalb der Ehe geboren wird. Der Ehemann gilt dann zwar grundsätzlich zunächst als rechtlicher Vater, kann diesen Status jedoch ohne Anfechtungsklage beseitigen, sofern ein Dritter innerhalb eines Jahres nach Rechtskraft der Scheidung die Vaterschaft anerkennt. Zusätzlich sind die Zustimmung der Kindesmutter und des Ehemannes nötig.

BEISPIEL: Monika ist mit Heinz verheiratet. Sie bekommt ein Kind mit Tim. Heinz gilt damit als rechtlicher Vater, auch wenn beide wissen, dass er nicht der Erzeuger ist, da er zB zeugungsunfähig ist. Der Erzeuger Tim ist nicht Vater im Rechtssinn.

BEISPIEL: Wie oben, jedoch wurde vor Geburt des Kindes ein Scheidungsantrag gestellt. Erkennt nun Tim innerhalb eines Jahres nach der Scheidung die Vaterschaft an und Monika und Heinz stimmen dem Anerkenntnis zu, so scheidet Heinz aus der Rolle als rechtlicher Vater aus und Tim wird rechtlicher Vater.

Da es nur auf die Frage des Verheiratetseins ankommt, ist der Ehemann auch Vater des von seiner Ehefrau geboren Kindes, falls dieses einer künstlichen Befruchtung entstammt.

2. Anerkenntnis

Unverheiratete Eltern sollten bei der Geburt ihres Kindes die Abstammung vom Vater und damit das Verwandtschaftsverhältnis zu ihm klarstellen. Davon hängen alle Rechtsbeziehungen zwischen Vater und Kind ab.

Nach dem Gesetz gilt als Vater des Kindes, wer mit der Mutter verheiratet ist. Sind die Eltern also nicht verheiratet, muss die Vaterschaft entweder durch Anerkennung des Kindes durch den Vater oder durch Feststellung der Vaterschaft durch ein Gericht begründet werden.

Mit dem Vaterschaftsanerkenntnis akzeptiert der Mann durch eine formale, vor Notar, Gericht oder Standesamt öffentlich zu beurkundende Erklärung die Vaterschaft.

Die Anerkennung kann schon vor der Geburt erfolgen.

Probleme ergeben sich, wenn die Eltern des Kindes zwar zusammenleben, die Mutter aber formell noch mit einem anderen Mann verheiratet ist. Das Kind gilt dann per gesetzlicher Fiktion als eheliches Kind, also als Kind des Ehemannes. Zwischen dem leiblichen Vater und dem Kind besteht keine rechtliche Beziehung. Diese Gesetzesfiktion kann nur durch eine Vaterschaftsanfechtung beseitigt werden[1].

BEISPIEL: Sabine ist mit Josef verheiratet. Sie bekommt die Tochter Sonja von Frank, mit dem sie ein Verhältnis hat. Josef gilt als rechtlicher Vater. Solange diese nicht durch eine Vaterschaftsanfechtung aufgehoben wird, bleibt er Vater. Zwischen Sonja und Frank besteht keine rechtliche Elternbeziehung.

Die Vaterschaftsanerkennung bedarf der Zustimmung der Mutter.

Der Widerruf der Anerkennung ist nur binnen Jahresfrist möglich, wenn sie zB wegen fehlender Zustimmung, nicht wirksam geworden ist. Ein Widerruf wegen Irrtums ist nicht möglich. Ein Anerkenntnis, sei es auch bewusst falsch abgegeben worden, kann nur im Wege der Vaterschaftsanfechtung[2] beseitigt werden.

3. Gerichtliche Feststellung der Vaterschaft

Die Vaterschaft kann gerichtlich festgestellt werden, wenn keine Vaterschaft aufgrund Ehe oder Anerkenntnis besteht.

a) Vaterschaftsvermutung

Als Vater wird der Mann vermutet, der mit der Mutter in der Empfängniszeit (300. – 181. Tag vor der Geburt) Geschlechtsverkehr hatte. Klageberechtigt für die Feststellungsklage gegen den Vater sind das Kind und die Mutter. Der Vater kann auch gegen das Kind klagen.

BEISPIEL: Der Vater Walter hat berechtigte Zweifel an seiner Vaterschaft, da die Mutter Tina in der Empfängniszeit mit mehreren Partnern Geschlechtsverkehr hatte. Im gerichtlichen Verfahren wird dann die Vaterschaft durch Gutachten festgestellt.

Auch das volljährige Kind kann gegen den mutmaßlichen Erzeuger auf Feststellung der Vaterschaft klagen. Hintergrund hierfür sind häufig Unterhaltsansprüche, die ohne Vaterschaftsfeststellung nicht durchsetzbar sind.

b) Verfahren der Vaterschaftsfeststellung

Beim Abstammungsprozess herrscht der gerichtliche Amtsermittlungsgrundsatz. Das Gericht kann hier von Amts wegen Beweise anordnen und Tatsachen berücksichtigen, die von den Parteien nicht vorgetragen sind, ihm aber zB aus einem anderen Verfahren bekannt sind oder von Dritten eingebracht werden.

Das Gericht kann somit einen Vaterschaftstest auch dann anordnen, wenn der Vater einstimmig benannt ist, das Gericht aber Zweifel hat.

BEISPIEL: Sowohl Mutter Tina als auch „Vater" Tim bekunden vor Gericht, dass Tim der biologische Vater sei. Das Gericht hat jedoch Zweifel und ist der Ansicht, dass mit dieser Behauptung lediglich Tim eine Aufenthaltsgenehmigung als Familienangehöriger verschafft werden soll. Das Gericht kann nun von sich aus einen Vaterschaftstest anordnen.
Das bis dato bestehende Antragsrecht der staatlichen Behörden wegen Verdacht auf Erschleichung einer Staatsangehörigkeit wurde vom Verfassungsgericht für verfassungswidrig erklärt.

Die Vaterschaftsfeststellung dient der Feststellung bzw. dem Ausschluss der biologischen Vaterschaft durch Abstammungsgutachten. Hierbei werden folgende Methoden angewandt:

- **Blutgruppengutachten:** Die Untersuchung der Blutmerkmale der Beteiligten kann mit Sicherheit zum Ausschluss einer Person als Vater führen, wenn vererbliche Blutmerkmale weder bei der Mutter noch beim untersuchten Kandidaten feststellbar sind.
  Ist der Vaterschaftsausschluss so nicht möglich, werden die Blutmerkmale statistisch-mathematisch ausgewertet. Dieser Methode liegt die Erkenntnis zugrunde, dass bestimmte Blutmerkmale in der Bevölkerung unterschiedlich oft auftreten. Weisen somit Kind und Kandidat beide selten vorkommende Merkmale auf, die Mutter hat diese aber nicht, so spricht eine hohe Wahrscheinlichkeit für die Vaterschaft.
- **DNS[3]-Analyse:** Mit dieser Methode werden genetische Merkmale der Beteiligten im Blut oder in der Mundschleimhaut untersucht und verglichen.
  Hat das Kind somit Genmerkmale, die weder bei der Mutter noch beim untersuchten Kandidaten vorliegen, scheidet der Kandidat als Vater aus. Stimmen die Genmerkmale überein, trägt die DNS-Analyse zum positiven bei.
  Nach den Abstammungsrichtlinien des Bundesgesundheitsamtes darf diese Methode nur in Verbindung mit anderen herkömmlichen Methoden verwendet werden.
- **Erbbiologische Gutachten:** In diesen Gutachten werden sichtbare vererbliche körperliche Merkmale von Kind und Vater verglichen, zB Hautfarbe, Nasen- und Gesichtsform. Aus dem Umfang der Übereinstimmungen wird auf eine Wahrscheinlichkeit für die Vaterschaft geschlossen. Der Aussagewert ist im Regelfall jedoch eingeschränkt.
- **Tragezeitgutachten:** Diese Gutachten vergleichen die Schwangerschaftsdauer und die Reifemerkmale des Kindes. Dies kann bei einem negativen Vaterschaftstest von Bedeutung sein, wenn zB bei ungewöhnlich langer oder kurzer Tragezeit der beklagte Kandidat im fraglichen Zeitraum abwesend war.

Üblich ist derzeit eine gestufte **Begutachtung:** In Anfechtungsverfahren, in denen viel auf eine Nichtvaterschaft hinweist, kann ein verkürztes Blutgruppengutachten eingeholt werden. Häufig reicht dies zum Nachweis des Ausschlusses.

Reicht dies nicht, wird ein Kompaktgutachten eingeholt, das entweder sichere Ausschlussgründe liefert oder die Vaterschaft als „praktisch erwiesen“ ausweist.

In Ausnahmefällen werden die sonstigen Methoden zugezogen.

Soweit erforderlich, müssen die Parteien die Entnahme von Blutproben dulden, wenn es ihnen zumutbar ist. Im Verweigerungsfall kann Zwang angewendet werden.

4. Vaterschaftsanfechtung

Anfechtungsberechtigt waren nach alter Rechtslage der Ehemann, die Mutter und das Kind, nicht jedoch der leibliche (nichteheliche) Vater.

Zum 30.4.2004 ist das Gesetz zur Änderung der Vorschriften über die Anfechtung der Vaterschaft und das Umgangsrecht von Bezugspersonen[4] in Kraft getreten.

Anlass des Gesetzes war ein Beschluss des Bundesverfassungsgerichts vom 9.4.2003. Nach Ansicht des Gerichts war der Ausschluss des sog biologischen Vaters vom Umgangsrecht und von der Berechtigung, die Vaterschaft eines anderen anzufechten, nicht mit dem Schutz der Familie nach Artikel 6 des Grundgesetzes vereinbar.[5]

Der leibliche Vater kann nun die Vaterschaft des rechtlichen Vaters anfechten, sofern zwischen dem rechtlichen Vater und dem Kind keine sozial-familiäre Beziehung besteht oder bestanden hat. In Anlehnung an die Entscheidung des Bundesverfassungsgerichts gebraucht das Gesetz den neuen Begriff „sozial-familiäre Beziehung“. Eine sozial-familiäre Beziehung besteht danach bei Übernahme tatsächlicher Verantwortung für das Kind, die vor allem bei längerem Zusammenleben in häuslicher Gemeinschaft anzunehmen ist. Aber auch eine bestehende Ehe zwischen dem rechtlichen Vater und der Mutter ist ein Indiz für eine „sozial-familiäre Beziehung“.

BEISPIEL: Die Eheleute Sabine und Klaus trennen sich, Sabine lernt einen neuen Partner Thomas kennen, mit dem sie einen Sohn Udo bekommt. Udo kommt während des Trennungsjahrs zur Welt. Thomas und Sabine leben mit dem Kind als Familie zusammen.
Klaus ist der rechtliche Vater des Kindes. Da jedoch keine Beziehung zwischen Udo und Klaus bestand, kann Thomas die Vaterschaft anfechten.

Wird das Kind während eines laufenden Scheidungsverfahrens geboren, so besteht eine vereinfachte Form der Vaterschaftsanfechtung. Der leibliche Vater kann spätestens bis zum Ablauf eines Jahres nach Rechtskraft des Scheidungsurteils das Kind anerkennen. Hierfür ist jedoch die Zustimmung des (geschiedenen) Ehemannes erforderlich.

Unabhängig davon hat das Kind ein Recht auf Kenntnis der eigenen Abstammung. Das Kind hat einen Anspruch gegen die Mutter, den Namen des leiblichen Vaters zu erfahren, wobei zwischen dem Informationsrecht und dem Interesse der Mutter auf Schutz ihrer Privatsphäre abgewogen werden muss.

5. Erleichterung der Vaterschaftsfeststellung

Die Frage, von wem ein Kind abstammt, ist für eine Familie von existentieller Bedeutung. Der rechtliche Vater möchte wissen, ob er auch der biologische Vater ist. Das Kind möchte wissen, von wem es abstammt, und teilweise möchte auch die Mutter Klarheit schaffen. Dieses Klärungsinteresse, so hat das Bundesverfassungsgericht am 13.2.2007 entschieden, ist verfassungsrechtlich geschützt.

Bisher wurde häufig versucht, diese Unklarheit mit Hilfe heimlicher Gentests zu beseitigen. Das Bundesverfassungsgericht hat hierzu eindeutig Stellung bezogen und derartige Tests als Verstoß gegen das informationelle Selbstbestimmungsrecht gewertet und damit eine Verwertung im gerichtlichen Verfahren untersagt.

Der Bundestag hat am 24.4.2009 die Regelungen zur Gendiagnostik verschärft. Heimliche Vaterschaftstests sind nunmehr verboten.

Nach altem Recht konnte die Frage der Abstammung nur dann in einem privaten Gutachten geklärt werden, wenn alle Betroffenen einverstanden waren. Sperrte sich allerdings einer der Betroffenen, blieb nur die Möglichkeit einer Anfechtungsklage, die innerhalb einer Frist von zwei Jahren nach Kenntnis der gegen die Vaterschaft sprechenden Umstände erhoben werden musste. Im Rahmen eines solchen Verfahrens konnte die Abstammung zwar geklärt werden – stellte sich allerdings heraus, dass der rechtliche Vater nicht zugleich der biologische Vater war, war damit zwangsläufig das rechtliche Band zwischen Vater und Kind zerrissen. Es bestand also bislang keine Möglichkeit, in einem Gerichtsverfahren die Abstammung zu klären, ohne juristische Konsequenzen für die rechtliche Beziehung zwischen Vater und Kind fürchten zu müssen. Mit dem neuen Gesetz sollte das Verfahren für alle Beteiligten – also Vater, Mutter und Kind – erleichtert werden.

Seit 1.4.2008 gibt es zwei Verfahren zur Klärung und Anfechtung:

a) Verfahren auf Klärung der Abstammung

b) Anfechtung der Vaterschaft

a) Anspruch auf Klärung der Abstammung (§ 1598 a BGB nF)

(1) Die Neuregelung sieht vor, dass Vater, Mutter und Kind jeweils gegenüber den anderen beiden Familienangehörigen einen Anspruch auf Klärung der Abstammung haben. Das heißt, die Betroffenen müssen in die genetische Abstammungsuntersuchung einwilligen und die Entnahme der erforderlichen Proben dulden.

(2) Der Anspruch ist im Hinblick auf die Entscheidung des Bundesverfassungsgerichts an keine weiteren Voraussetzungen geknüpft.

(3) Auch Fristen sind nicht vorgesehen.

(4) Wird die Einwilligung versagt, kann sie vom Familiengericht ersetzt werden.

Um dem Kindeswohl in außergewöhnlichen Fällen (besondere Lebenslagen und Entwicklungsphasen) Rechnung zu tragen, kann das Verfahren ausgesetzt werden. Damit soll sichergestellt werden, dass der Anspruch nicht ohne Rücksicht auf das minderjährige Kind zu einem ungünstigen Zeitpunkt durchgesetzt werden kann.

BEISPIEL: Das Kind Klara ist durch eine Magersucht in der Pubertät so belastet, dass das Ergebnis eines Abstammungsgutachtens seinen krankheitsbedingten Zustand gravierend verschlechtern könnte (zB akute Suizidgefahr). Geht es Klara wieder besser, kann der Betroffene einen Antrag stellen, das Verfahren fortzusetzen.

Tipp

Der Vorteil des Verfahrens der Klärung der Vaterschaft besteht darin, dass allein die genetische Vaterschaft geprüft wird, bei negativem Ausgang jedoch das Elternband zum Vater nicht automatisch getrennt wird. Die Parteien können sich nach dem Ergebnis überlegen, ob sie die rechtliche Vaterschaft bestehen lassen wollen.

b) Verfahren zur Anfechtung der Vaterschaft (§§ 1600 ff. BGB nF)

aa) Allgemeines:

Das Anfechtungsverfahren ist unabhängig von dem Verfahren zur Durchsetzung des Klärungsanspruchs. Das Anfechtungsverfahren ist das Umfassendere. Im Anfechtungsverfahren wird die Vaterschaft geklärt und bei positiven Ausgang (also wenn festgestellt wurde, dass der Anfechtende nicht der biologische Vater ist) rechtlich zwingend die Vaterschaft und damit das familiäre Band beseitigt. Das zweifelnde Familienmitglied hat die Wahl, ob es eines oder beide Verfahren, dh zunächst Klärungsverfahren und dann Anfechtungsverfahren, in Anspruch nehmen will.

bb) Modifikationen der Anfechtungsfrist:

Für die Anfechtung der Vaterschaft gilt auch weiterhin eine Frist von zwei Jahren (§ 1600 b BGB). Die Anfechtungsfrist hat zum Ziel, einerseits dem Betroffenen eine ausreichende Überlegungsfrist zu verschaffen sowie andererseits die Interessen des Kindes am Erhalt gewachsener familiärer Bindungen zu schützen und nach Fristablauf Rechtssicherheit zu schaffen. Für den Betroffenen bedeutet das: Erfährt er von Umständen, die ihn ernsthaft an seiner Vaterschaft zweifeln lassen, muss er seine Vaterschaft innerhalb von zwei Jahren anfechten. Diese Frist ist gehemmt, wenn der Vater ein Verfahren zur Klärung der Abstammung durchführt.

BEISPIEL: Das Kind wird im Mai 1998 geboren. Der Ehemann Kai (also der rechtliche Vater) erfährt im Mai 2008, dass seine Ehefrau im Herbst 1997 eine außereheliche Affäre hatte. Gemäß § 1600 b BGB hat Kai zwei Jahre Zeit, um seine Vaterschaft anzufechten. Die Frist läuft ab Kenntnis der Umstände, die ihn an seiner Vaterschaft zweifeln lassen – also ab Mai 2008. Lässt Kai die Abstammung zunächst gerichtlich klären, wird die Anfechtungsfrist angehalten. Sie läuft erst sechs Monate, nachdem eine rechtskräftige Entscheidung im Klärungsverfahren ergangen ist, weiter. Ergeht also im Dezember 2008 eine rechtskräftige Entscheidung, läuft die Frist ab Juni 2009 wieder bis Juni 2010.

Infolge des neu geschaffenen Klärungsanspruchs werden häufiger Fälle auftreten, in denen ein Mann aufgrund eines legal eingeholten Abstammungsgutachtens sicher weiß, dass er nicht der biologische Vater des Kindes ist, die Anfechtungsfrist aber bereits abgelaufen ist. Um den verschiedenen Interessen der Betroffenen in diesen Konfliktsituationen gerecht zu werden, ist in solchen Fällen ein Neubeginn der Anfechtungsfrist möglich. Voraussetzung ist aber, dass die Anfechtung das Wohl des minderjährigen Kindes nicht erheblich beeinträchtigt.

BEISPIEL: Karl hat bereits seit mehreren Jahren konkrete Zweifel, biologischer Vater des Kindes Tom zu sein. Um Tom ein Aufwachsen in der vertrauten Familie zu ermöglichen und die Beziehung zu seiner Frau nicht zu gefährden, lässt er die Zweifel auf sich beruhen. Die Anfechtungsfrist verstreicht. Die Ehe zerbricht trotzdem und der Kontakt zu Tom geht verloren. Durch einen Vaterschaftstest im Rahmen eines Klärungsverfahrens gewinnt Karl Sicherheit, dass er tatsächlich nicht der biologische Vater ist. In einem solchen Fall soll er trotz Fristablauf anfechten können. Nach Kenntnis von dem Abstammungsgutachten bleibt ihm dafür eine Frist von zwei Jahren.

cc) Härteklausel zugunsten des Kindes:

Das Bundesverfassungsgericht hatte dem Gesetzgeber aufgegeben, im Anfechtungsverfahren das Kindeswohl zu wahren. Dies bedeutet, darauf zu achten, dass das minderjährige Kind die Anfechtung in der jeweiligen Lebenssituation verkraften kann. In besonderen Härtefällen kann die Anfechtungsmöglichkeit daher zeitweise eingeschränkt werden. Wird die Anfechtungsklage wegen der Härteklausel abgewiesen, ist eine erneute Klage möglich. Die Anfechtungsfrist beginnt in diesem Fall erneut zu laufen.

BEISPIEL: Das Kind Tina ist sehr krank. Der Verlust des rechtlichen Vaters Thomas wäre zusätzlich eine große Belastung. In einem solchen Fall kann die Anfechtungsklage aufgrund der Härteklausel abgewiesen werden. Nach Rechtskraft des Urteils kann Thomas innerhalb von zwei Jahren (§ 1600b BGB) erneut Anfechtungsklage erheben.

6. Adoption

Im nachfolgenden Kapitel wird die Adoption minderjähriger Kinder behandelt. Da die Adoption Erwachsener häufig nur aus erbschaftssteuerlichen Erwägungen vorgenommen wird, wird hier auf die Darstellung verzichtet.

a) Voraussetzungen für die Adoption eines minderjährigen Kindes

Die Adoption eines Minderjährigen ist nur zulässig, wenn sie dem Wohl des Kindes dient und zu erwarten ist, dass ein Eltern-Kind-Verhältnis entsteht.

Von einer Verbesserung des Kindeswohls wird in der Regel ausgegangen, wenn sich durch die Annahme die Lebensverhältnisse des Kindes verbessern. Dies ist jedoch nicht alleiniger Maßstab. Sollten bereits eigene Kinder der Annehmenden vorhanden sein, wird auch deren Akzeptanz berücksichtigt. Permanente Schikane und Ablehnung durch die leiblichen Kinder beeinträchtigt das Kindeswohl. Ferner sind die Lebensverhältnisse des Annehmenden zu prüfen. So stehen zB Drogenabhängigkeit etc einer Adoption entgegen.

Adoptionswillige müssen unbeschränkt geschäftsfähig und mindestens 25 Jahre alt sein. Bei Ehepartnern kann einer bzw. eine dieses Alter unterschreiten, muss jedoch mindestens 21 Jahre alt sein.

Ein Höchstalter für Adoptiveltern ist gesetzlich nicht festgelegt. Der Altersunterschied zwischen dem Kind und seinen Adoptiveltern sollte jedoch nicht größer als 40 Jahre sein.

Ein Ehepaar kann ein Kind grundsätzlich nur gemeinsam adoptieren. Daneben kann ein Ehepartner bzw. eine Ehepartnerin ein Kind seines Ehepartners bzw. seiner Ehepartnerin adoptieren. Das gleiche gilt für die eingetragene Lebenspartnerschaft. Das Lebenspartnerschaftsgesetz sieht nur die Stiefkindadoption vor, bei der ein Lebenspartner ein Kind seines Lebenspartners adoptiert. Lebenspartner können somit nicht wie Ehepaare gemeinsam ein Kind adoptieren.

Bei einer nichtehelichen Lebensgemeinschaft kann nur einer der Lebenspartner das Kind adoptieren. In Ausnahmefällen können aber auch Alleinstehende ein Kind annehmen.

In der Regel müssen beide leiblichen Eltern in die Adoption ihres Kindes einwilligen. Dies ist auch dann der Fall, wenn sie nicht sorgeberechtigt sind. Einer Einwilligung eines Elternteils bedarf es nicht, wenn dieser zur Abgabe der Erklärung dauerhaft außer Stande ist, zB wegen Geschäftsunfähigkeit oder wenn sein Aufenthalt unbekannt ist. Die Einwilligung kann erst erteilt werden, wenn das Kind acht Wochen alt ist. Außerdem ist die Einwilligung des Kindes erforderlich. Sie wird bei Kindern unter 14 Jahren durch den gesetzlichen Vertreter erklärt. Nach Vollendung des 14. Lebensjahres (14. Geburtstag) kann nur das Kind selbst mit Zustimmung des gesetzlichen Vertreters einwilligen.

Erteilt ein Elternteil die Zustimmung nicht, kann das Gericht die Einwilligung auch gegen den Willen dieses Elternteils ersetzen. Hieran sind jedoch große Anforderungen gestellt. Das Gesetz unterscheidet zwischen Ehegatten und nichtehelichen Eltern.

Bei Ehegatten regelt das Gesetz folgende Fallgruppe:

- Ohne die Adoption muss dem Kind ein unverhältnismäßiger Nachteil entstehen.
- Die Ersetzung der Einwilligung muss erforderlich sein, eine infolge Versagens der Eltern eingetretene oder drohende Gefahr für eine gesunde Entwicklung des Kindes abzuwenden. Abzuwägen sind hierbei die Interessen am Fortbestand des Elternrechts und den Interessen des Kindes.

BEISPIEL: Ohne Zustimmung müsste das Kind Maxima in einem rechtlich ungesicherten Verhältnis zu seinen langjährigen Pflegeeltern aufwachsen.

- Der verweigernde Elternteil hat in vorwerfbarer Weise seine Pflichten gegenüber dem Kind verletzt. Hierzu gehören in Extremfällen die Verletzung der Unterhaltspflicht oder dauerhafte Vernachlässigung. Längerer Abbruch des Umgangs kann dann nicht gegen den Umgangsberechtigten gewertet werden, wenn der Umgang durch den anderen Elternteil vereitelt wurde.
- Verhält sich der verweigernde Elternteil gleichgültig und hätte das Kind ohne Adoption unverhältnismäßige Nachteile, so kann die Einwilligung ebenfalls ersetzt werden.

BEISPIEL: Die Einwilligung des Vaters Helmut wurde ersetzt, weil dieser kein Interesse am Kind Florian zeigte, Unterhaltszahlungen verweigerte, Florian voll in die neue Familie integriert war und den neuen Partner der Mutter mittlerweile als Vaterfigur betrachtet.

Die Einwilligung des nichtehelichen Vaters kann ersetzt werden, wenn ein unverhältnismäßiger Nachteil für das Kind droht. Die oben genannten Fallgruppen müssen nicht hinzukommen. In diesen Fällen sind die Interessen des Kindes und des Vaters abzuwägen.

BEISPIEL: Die Einwilligung kann nicht allein deshalb ersetzt werden, weil der Vater Felix über einen langen Zeitraum keinen Kontakt (im Fall 11 Jahre) hatte. Es sind die Umstände für den Kontaktabbruch zu berücksichtigen. Bricht die Mutter Vera einseitig den Kontakt ab, kann dies nicht zu Lasten von Felix gehen. Es muss geprüft werden, ob noch eine Vater-Kind-Beziehung, und sei sie noch so gering, besteht.

In zahlreichen Entscheidungen haben die Gerichte jedoch die Rechte nichtehelicher Väter gestärkt.

Einer Adoption vorgeschaltet ist oft eine angemessene Adoptionspflegezeit, bei der die Erfolgsaussichten des anzustrebenden Eltern-Kind-Verhältnisses geprüft werden.

b) Wirkungen einer Kindesadoption

Wenn die leiblichen Eltern wirksam in die Adoption ihres Kindes eingewilligt haben, ruht deren elterliche Sorge. Das Jugendamt wird dann zunächst Vormund des Kindes.

Mit Ausspruch der Adoption durch das Vormundschaftsgericht erhält das minderjährige Kind die rechtliche Stellung eines leiblichen Kindes der Adoptiveltern. Damit verbunden ist grundsätzlich eine Veränderung der verwandtschaftlichen Verhältnisse des Kindes.

Mit der Adoption erlöschen somit im Regelfall die Verwandtschaftsverhältnisse des Kindes und die damit verbundenen Rechte und Pflichten zu seiner Herkunftsfamilie (zu den Eltern, Großeltern, Geschwistern, Onkeln, Tanten etc).

Vater und Mutter sind rechtlich die Adoptiveltern. Das adoptierte Kind ist dann auch mit den familiären Linien (wie Kindern, Eltern, Geschwistern etc) der Adoptiveltern verwandt.

Beachte

Mit der Änderung der Verwandtschaftsbeziehung bestehen die gleichen Rechte und Pflichten wie bei einer herkömmlichen Familienbeziehung (zB Stellung als Erbe, Unterhaltsverpflichtungen).

Das Kind erhält in der Regel den Familiennamen seiner Adoptiveltern und – wenn ein Adoptivelternteil Deutscher, das Kind hingegen ausländischer Herkunft ist – auch die deutsche Staatsangehörigkeit. Beim Standesamt wird eine Geburtsurkunde auf den Adoptivnamen des Kindes ausgestellt. Aus dieser Urkunde ist nicht ersichtlich, dass es sich um ein Adoptivkind handelt. Getrennt davon wird ein Abstammungsbuch geführt, aus welchem sich die familiäre Herkunft des Kindes ergibt. Das adoptierte Kind kann mit Vollendung des 16. Lebensjahres (16. Geburtstag) Einsicht in die Gerichtsakten sowie in das Abstammungsbuch erhalten.

Ist eine Adoption vollzogen, lässt sich dieser Schritt nur noch unter ganz wenigen, gesetzlich bestimmten Voraussetzungen wieder rückgängig machen. Dies ist zB bei schwerwiegenden Gründen des Kindeswohls möglich, also nur als „ultima Ratio“. Eine Trennung/Scheidung der Adoptiveltern ist nicht ausreichend. Der Antrag kann nur binnen eines Jahres gestellt werden, wenn seit der Adoption noch keine drei Jahre vergangen sind.

7. Samenspende

Bei der Samenspende bestehen erhebliche Risiken, die meist unbekannt sind.

Das Bundesverfassungsgericht hatte bereits am 31.1.1989 entschieden, dass durch künstliche Befruchtung gezeugte Kinder einen Anspruch darauf haben, die Personalien ihres biologischen Vaters zu erfahren. Dieses Recht kann auch nicht durch Vertrag abbedungen werden. Folglich sind die üblichen Verträge zwischen den Samenbanken und den Samenspendern, wonach den Spendern Anonymität zugesichert wird, unwirksam. Soweit also dieser Verzicht die Unterhaltsansprüche des Kindes und dessen Erbrecht gegenüber seinem biologischen Vater betrifft, handelt es sich hierbei um einen unzulässigen Vertrag zu Lasten Dritter.

Folglich kann auch ein Samenspender vom Gericht rechtskräftig als Vater festgestellt werden. Dies gilt selbst dann, wenn es sich um eine anonyme Samenspende handelt. Inwieweit die gesetzliche Unterhaltspflicht durch eine
Vereinbarung mit den Wunscheltern wirksam ausgeschlossen werden kann, ist derzeit gerichtlich noch nicht entschieden und äußerst zweifelhaft.

Das Risiko der Unterhaltspflicht für den Samenspender wurde durch das am 12. 4. 2002 in Kraft getretene so genannte Kinderrechteverbesserungsgesetz[6] verringert. Danach ist die Anfechtung der Vaterschaft durch den Mann oder die Mutter ausgeschlossen, wenn das Kind mit Einwilligung des Mannes und der Mutter durch künstliche Befruchtung mittels Samenspende eines Dritten gezeugt worden ist. Das Kind bleibt jedoch anfechtungsberechtigt. Ob diese gesetzliche Regelung den Samenspender jedoch umfassend vor Unterhaltsforderungen und Erbansprüchen des Kindes schützt, ist zweifelhaft. Denn das vom Bundesverfassungsgericht garantierte Recht des Kindes auf Kenntnis seiner biologischen Abstammung wird gerade nicht ausgeschlossen und darf auch vom Gesetzgeber ohne Verstoß gegen das Grundgesetz nicht ausgeschlossen werden. Folglich kann das Kind spätestens mit dem Eintritt der Volljährigkeit ohne Rücksicht auf mögliche vertragliche Vereinbarungen der „Eltern“ die Vaterschaft anfechten und so seinen Unterhaltsanspruch gegen den Samenspender gerichtlich feststellen lassen.

BEISPIEL: Sebastian (19) leidet unter chronischer Geldknappheit während der Bundeswehrzeit. Sein Freund Karsten rät ihm, gegen geringes Entgelt Blut oder Samen zu spenden. Da er sich vor Spritzen fürchtet, entscheidet er sich für die Samenspende.

19 Jahre später meldet sich sein vermeintlicher Sohn Philipp. Ferner will der bisherige „Zahlvater"[7] Jens den in den 19 Jahren geleisteten Unterhalt erstattet bekommen.

Beachte

Auch Kinder einer Samenspende sind nach erfolgreicher Vaterschaftsfeststellung erb- und unterhaltsberechtigt.

2. Kapitel

Elterliche Sorge

Die Fragen der elterlichen Sorge umfassen einen weiten Bereich. Dies geht von der Entscheidung über alltägliche Dinge, über Vermögensverwaltung, Gesundheitsfürsorge bis hin zu Fragen der religiösen Erziehung, Schulbildung und des Aufenthalts. Gerade bei Eltern in der Trennungsphase oder nach einer Trennung ist die Kommunikation miteinander schwierig. Ob sich die Eltern in Kinderbelangen abstimmen müssen oder ob einer allein entscheiden kann, hängt davon ab, wem die elterliche Sorge zusteht.

1. Kinder verheirateter Eltern

Sind die Eltern zur Zeit der Geburt des Kindes verheiratet, steht ihnen automatisch die elterliche Sorge gemeinsam zu. Es bedarf keiner weiteren Erklärung oder Anträge. Die gemeinsame Sorge besteht auch über die Trennung bzw. Scheidung fort. Sie endet erst, wenn ein Gericht auf Antrag die elterliche Sorge auf einen Elternteil überträgt, ein Elternteil verstirbt oder das Kind volljährig wird.

2. Kinder unverheirateter Eltern

Das alte Recht unterschied bei der elterlichen Sorge zwischen ehelichen und nichtehelichen Kindern. Die elterliche Sorge für ein nichteheliches Kind stand danach der Mutter allein zu. Es war unverheirateten Eltern nicht möglich, die gemeinsame elterliche Sorge auszuüben. Es gab lediglich die Möglichkeit, dem nichtehelichen Vater durch Vollmachten rechtliche Handlungsmöglichkeiten einzuräumen. Seit der Kindschaftsrechtsreform im Jahre 1998 wird nicht mehr zwischen ehelichen und nichtehelichen Kindern unterschieden.

Nicht verheiratete Eltern können die gemeinsame Sorge erlangen, indem sie erklären, dass sie die Sorge gemeinsam übernehmen wollen (Sorgeerklärung), oder einander heiraten.

Die gemeinschaftliche elterliche Sorge ist auch möglich, wenn die Eltern nicht zusammen wohnen.

Das Verfassungsgericht hat mit seinem Beschluss (BVerfG Beschl. v. 21.7.2010 – 1 BvR 420/09) dafür gesorgt, dass die Väter von nichtehelichen Kindern am Sorgerecht auch gegen den Willen der Mutter teilhaben können. Das Bundesverfassungsgericht hat die vorgenannte gesetzliche Bevorzugung unverheirateter Mütter gegenüber Vätern gekippt.

Die entsprechende Gesetzesreform zum Sorgerecht nicht verheirateter Väter ist am 19. Mai 2013 in Kraft getreten.

Nach der neuen Sorgerechtsregelung erhält die Mutter zunächst auch alleine das Sorgerecht. Geben die Eltern eine gemeinsame Sorgeerklärung ab, so erhält der Vater wie zuvor ebenfalls das Sorgerecht. Ist die Mutter nicht mit einer gemeinsamen Sorge einverstanden, so kann der Vater nun aber, im Gegensatz zu früher, dennoch das Sorgerecht erhalten, wenn dies dem Kindeswohl entspricht – auch gegen den Willen der Mutter. Dazu muss die Vaterschaft feststehen und der Vater muss einen Antrag beim Familiengericht stellen. Die Mutter hat dann eine Frist von 6 Wochen, um dem Antrag des Vaters zu widersprechen und Gründe gegen das gemeinsame Sorgerecht zu benennen.

Gibt die Mutter keine Stellungnahme ab, entscheidet das Familiengericht in einem vereinfachten, schriftlichen Verfahren. Hier wird angenommen, dass das gemeinsame Sorgerecht i. Allg. dem Kindeswohl dient. Widerspricht die Mutter der gemeinsamen Sorge, so entscheidet das Familiengericht anhand der vorgebrachten Gründe nach Anhörung der Eltern, ob der Vater das Sorgerecht erhält.

BEISPIEL: Der nichteheliche Vater Klaus möchte die gemeinsame elterliche Sorge, Mutter Tina stimmt einer Sorgerechtserklärung jedoch nicht zu. Klaus kann bei Gericht nunmehr die Anordnung der gemeinsamen Sorge beantragen.

Die Sorgeerklärungen sind von den Eltern selbst abzugeben. Sie sind entweder von einem Notar oder dem Jugendamt öffentlich zu beurkunden.

Es ist möglich, die Sorgeerklärung schon vor der Geburt des Kindes abzugeben.

Die Eltern sind solange an die Sorgeerklärung gebunden, bis ein Gericht abweichend entscheidet.

Werden keine Sorgeerklärungen abgegeben, hat die Mutter die Sorge über das Kind.

Haben sich nichteheliche Lebenspartner für ein gemeinsames Sorgerecht entschieden, so sind sie an diese Entscheidung gebunden.

Ferner besteht seit der Neuregelung des Kindschaftsrechts die Möglichkeit, dass der Kindesvaters die alleinige elterliche Sorge beantragen kann, wenn die sorgeberechtigte Mutter verstorben ist, der Mutter die elterliche Sorge entzogen wurde oder die elterliche Sorge aus tatsächlichen Gründen ruht (zB schwere Krankheit).

Stand das Sorgerecht beiden Eltern gemeinsam zu und fällt die Mutter aus, so übernimmt der Vater die elterliche Sorge allein.

3. Umfang der elterlichen Sorge

Die elterliche Sorge umfasst alle Bereiche des täglichen Lebens. Sie beinhaltet insbesondere die Verwaltung des Vermögens des Kindes, den Aufenthalt, Gesundheitsfürsorge, schulische Belange, religiöse Fragen etc.

Trennen sich Eltern mit gemeinsamer elterlicher Sorge, so stellt sich die Frage, welche Angelegenheiten der betreuende Elternteil allein entscheiden darf und welche er mit dem anderen abstimmen muss. Diese Frage wird nach der Bedeutung für das Kind abgegrenzt.

Die Eltern müssen sich dann bei Fragen von erheblicher Bedeutung einigen, wie zu entscheiden ist.

BEISPIEL: Schul- oder Berufsausbildung, Auswanderung, wochen- oder monatelanger Schüleraustausch, medizinische Eingriffe (außer bei Notfällen), religiöse Erziehung, Verwaltung des Kindesvermögens

Entscheidungen des täglichen Lebens kann derjenige Elternteil allein treffen, bei dem sich das Kind aufhält[8].

BEISPIEL: Ernährung, Schlafenszeit, Fernsehkonsum, normaler Ablauf des Schullebens, Routineerlaubnisse, Tagesausflüge, gewöhnliche medizinische und ärztliche Versorgung

Können sich Eltern in Fragen, die einer gemeinsamen Entscheidung bedürfen nicht einigen, kann für diese Frage die Entscheidungsbefugnis durch das Gericht auf einen Elternteil übertragen werden, der dann in diesem Fall allein entscheidet.

Bei Gefahr im Verzug ist jeder Elternteil berechtigt, alle Handlungen vorzunehmen, die zum Wohle des Kindes erforderlich sind, wenn der andere Elternteil trotz zumutbarer Bemühungen nicht zu erreichen ist, die Entscheidung aber nicht weiter hinausgezögert werden kann. Dies ist häufig bei medizinischen Eingriffen der Fall.

4. Tod des Sorgerechtsinhabers

Steht den Eltern (ehelich und nichtehelich) die elterliche Sorge gemeinsam zu, so erhält der überlebende Ehegatte mit Tod des anderen automatisch die alleinige elterliche Sorge.

Hat das Gericht jedoch nach Trennung der Eltern einem Elternteil die elterliche Sorge allein übertragen, so muss der überlebende Elternteil, der nicht Sorgerechtsinhaber war, einen Antrag auf Übertragung bei Gericht stellen. Ihm ist dann das Sorgerecht zu übertragen, wenn dies dem Kindeswohl nicht widerspricht.

Haben unverheiratete Eltern keine Sorgerechtserklärung abgegeben, so hat beim Tod der Mutter das Gericht auf Antrag dem Vater die elterliche Sorge zu übertragen, wenn dies dem Wohl des Kindes dient. Zweifel wirken sich hier also zum Nachteil des Vaters aus.

5. Entzug der elterlichen Sorge

Steht die elterliche Sorge beiden Eltern gemeinsam zu, kann ein Elternteil die alleinige elterliche Sorge nur durch einen Antrag bei Gericht erlangen. Bei erfolgreichem Antrag wird dem anderen Elternteil die elterliche Sorge entzogen. Das Sorgerecht kann auch nur für Teile entzogen werden, zB Vermögenssorge, Aufenthaltsbestimmungsrecht oder Gesundheitssorge.

BEISPIEL: Die Eltern Verena und Sebastian sind sich über eine Kieferkorrektur des Kindes Jasmin nicht einig. Wenn Verena und Sebastian hier keine einvernehmliche Lösung finden, kann sich zB Verena die alleinige Entscheidungsbefugnis vom Gericht übertragen lassen.
Wenn medizinische Gründe für die Operation vorliegen, wird das Gericht die Entscheidungsbefugnis auf Verena übertragen.

a) § 1666 BGB: Gefährdung des Kindeswohls

Der Entzug der elterlichen Sorge ist ein massiver staatlicher Eingriff in das durch Artikel 6 des Grundgesetzes geschützte Recht. Der Staat darf nur eingreifen, wenn ansonsten das körperliche, geistige oder seelische Wohl des Kindes gefährdet ist. Es ist auf den jeweiligen Einzelfall abzustellen.

Die Kindeswohlgefährdung kann hier in mannigfaltigen Varianten auftreten. Das Gesetz benennt folgende Voraussetzungen:

- Das körperliche, geistige oder seelische Wohl des Kindes wird gefährdet.
- Die Eltern sind nicht gewillt oder nicht in der Lage, diese Gefahr abzuwenden.

In diesen Fällen kann das Gericht von Amts wegen, also auch ohne Antrag der Eltern tätig werden. Häufig erfährt es durch Dritte, wie Jugendamt oder Nachbarn von diesen Umständen. Bevor in die elterliche Sorge eingegriffen wird, muss das Gericht mildere Maßnahmen prüfen. In geeigneten Fällen kann die Inanspruchnahme öffentlicher Hilfen, zB Jugendamt, oder eine anderweitige Unterbringung des Kindes ausreichen.

b) § 1671 BGB: Wohl des Kindes

Diese Vorschrift regelt „leichtere“ Fälle, als unter a) dargestellt. So kann die elterliche Sorge auf einen Elternteil auf Antrag übertragen werden, wenn der andere dem zustimmt. Auch in Fällen, in denen sich die Eltern einig sind, bedarf es der richterlichen Aufhebung der elterlichen Sorge bei einem Elternteil.

Weitaus häufiger sind die Anträge auf alleinige elterliche Sorge bei Trennung/Scheidung der Eltern. Hier ist vom Gericht zu prüfen, ob die Aufhebung der gemeinsamen elterlichen Sorge dem Kindeswohl entspricht und ob der Ausspruch der alleinigen elterlichen Sorge für das Kindeswohl am besten ist.

Allein, dass sich Eltern bezüglich notwendiger, das Kind betreffende Fragen nicht einigen können, reicht häufig aus. Hier muss jedoch zwischen der Eltern- und der Paarebene getrennt werden. Können sich Eltern über Kinderbelange verständigen, streiten aber im Scheidungsverfahren über Unterhalt, Zugewinn und Hausrat, so reicht dies nicht.

Aber auch hier sind mildere Mittel vorab zu prüfen. Es kann daher erfolgreich sein, den Eltern die Pflicht zur Teilnahme an Elterngesprächen aufzuerlegen, um dort ihre Erziehungsfragen zu klären.

Sind zwischen den Eltern nur Teile der elterlichen Sorge streitig, reicht es aus, nur diesen Teil auf einen Elternteil zu übertragen.

BEISPIEL: Mutter Tina und Vater Ali sind sich über Wohnort, Schulbesuch und sonstige Erziehungsfragen einig. Sie können sich jedoch nicht über die religiöse Erziehung des Kindes einigen. Tina möchte das Kind katholisch taufen lassen, Ali als Moslem ist dagegen. Das Gericht kann hier den Teilbereich religiöse Erziehung übertragen und im Übrigen die gemeinsame elterliche Sorge bestehen lassen.

6. Auskunftsrecht

Dem Elternteil, dem das Sorgerecht nicht zusteht bzw. der das Kind nicht betreut, steht ein Auskunftsrecht gegenüber dem betreuenden Elternteil zu. Dieser Elternteil soll sich über das Wohlergehen und die Entwicklung des Kindes informieren können. Es ist nicht Voraussetzung, dass der Umgang ausgeschlossen oder eingeschränkt ist. Durch den Informationsanspruch soll der Nachteil des eingeschränkten (täglichen) Kontakts ausgeglichen werden. Er ist umso wichtiger, wenn ein Umgang nicht stattfindet oder ausgeschlossen ist.

Beachte

Auskunft kann nur vom anderen Elternteil, nicht etwa von Ärzten, Lehrern etc verlangt werden.

Ein berechtigtes Interesse an der Auskunftserteilung liegt vor, wenn der Elternteil keine andere Möglichkeit hat, sich über die Entwicklung des Kindes zu informieren.

Findet also regelmäßig Umgang statt, wird der umgangsberechtigte Elternteil meist ausreichend Gelegenheit haben, sich über die Entwicklung zu informieren. Dies ist jedoch nicht der Fall, wenn kein Kontakt stattfindet oder Umgang nur in langen Abständen, zB wegen großer Entfernung erfolgt.

Mitgeteilt werden muss idR der Gesundheitszustand und schulische Leistungen. Dies hat idR halbjährlich zu erfolgen. Es sollten Kopien der Zeugnisse, kurze eine Lebensschilderung und ein aktuelles Foto beigefügt werden.

Die Auskunft kann nur dann verweigert werden, wenn konkrete Umstände vorliegen, die das Kindeswohl messbar beeinträchtigen.

3. Kapitel

Umgang

In den meisten Fällen findet der Umgang durch persönlichen Kontakt Elternteil-Kind statt. Die Häufigkeit richtet sich nach dem Alter des Kindes und den Lebensumständen. Umgang kann aber auch durch Telefonate, Brief- oder Emailverkehr stattfinden. Finden die Eltern miteinander eine Lösung, können sie den Umgang für ihre Verhältnisse passend gestalten.

1. Rechtslage

Während nach der bis zum 30.6.1998 geltenden Rechtslage allein die Kindesmutter darüber bestimmte, ob und in welchem Umfang dem Vater des nichtehelichen Kindes Umgang mit diesem eingeräumt werden sollte, kann nach der neuen Rechtslage der nichteheliche Vater in gleichem Umfang Umgang mit dem Kind beanspruchen wie ein ehelicher Vater. Steht das Sorgerecht für ein gemeinsames Kind dem Vater zu, hat auch die Mutter ein Umgangsrecht mit ihrem Kind.

Nach alter Rechtslage hatte also der nichteheliche Vater kein Umgangsrecht, wenn ein anderer als rechtlicher Vater feststand. Das Bundesverfassungsgericht hatte dem Gesetzgeber aufgegeben, bis zum 30.4.2004 eine gesetzliche Regelung im Einklang mit Artikel 6 des Grundgesetzes zu schaffen. Nach dem neuen Gesetz können jetzt enge Bezugspersonen des Kindes, sei es der leibliche Vater oder ein Lebensgefährte der Mutter Umgang mit dem Kind haben, falls das dem Wohl des Kindes dient und die Bezugspersonen für das Kind tatsächliche Verantwortung getragen haben.

Lebt die Mutter jedoch in einer intakten Ehe, bleibt es beim Ausschluss des leiblichen Vaters, da der Schutz der familiären Beziehung höher als das Recht des leiblichen Vaters bewertet wird.

Die Kindschaftsrechtsreform hat das Umgangsrecht gestärkt. So wird das Umgangsrecht heute nicht mehr primär als Elternrecht verstanden, sondern als Recht des Kindes. Bei einem Streit der Eltern um das Umgangsrecht ist daher immer und an erster Stelle das Wohl des Kindes zu beachten. Die richterliche Entscheidung hat sich allein am Kindeswohl zu orientieren. Dabei geht das Gesetz davon aus, dass idR zum Wohl des Kindes der Umgang mit beiden Elternteilen gehört.

Eine Beschränkung oder gar der vollständige Ausschluss des Umgangsrechts ist nur in engen Grenzen möglich. Dies darf nur dann erfolgen, wenn sonst das Kindeswohl gefährdet würde. Vorrangig muss in diesen Fällen jedoch geprüft werden, ob die Gefährdung des Kindeswohls nicht durch die Anwesenheit Dritter (zB des Jugendamtes) abgewendet werden kann. Dies kann eine Lösung darstellen, wenn bei der Trennung der Eltern Gewalt oder sexueller Missbrauch im Spiel war, aber auch, wenn das Kind in der Vergangenheit nicht vom Umgang zurückgebracht wurde.

2. Ausgestaltung

Eltern können eine Vereinbarung schließen, in der die Zeiten, in denen der Umgang ausgeübt wird, festgelegt sind. Insbesondere an welchen Tagen und wie lange der Umgang durchgeführt wird. Es sollte auch eine Regelung über die Ferien und Feiertage getroffen werden.

In erster Linie soll versucht werden, zwischen den Eltern eine einvernehmliche Lösung zu erreichen. Dies erspart allen Seiten – insbesondere aber den Kindern – eine Menge Ärger, Unsicherheit und Stress.

Tipp

Es kann dabei auch sinnvoll sein, die Hilfe Dritter, sei es des Jugendamtes oder einer Familienberatungsstelle in Anspruch zu nehmen, um den Umgang kindgerecht zu regeln.

Wie das Umgangsrecht im Einzelfall ausgestaltet ist, hängt von den jeweiligen Lebensumständen ab, zB Alter des Kindes, Entfernung etc.

Als Richtlinie kann jedoch von folgenden Regeln ausgegangen werden:

- bei Kleinstkindern ein mehrstündiger Umgang einmal in der Woche
- bei älteren Kindern häufig ein vierzehntägiges Besuchsrecht mit Übernachtung
- Ferienregelung: Im Idealfall hälftige Aufteilung; hierüber sollte jedoch frühzeitig gesprochen werden, damit der berufstätige Elternteil rechtzeitig seinen Urlaub beantragen kann

Vereinbarungen können privatschriftlich getroffen werden oder in einer notariellen Urkunde festgelegt werden.

Formulierungsvorschlag für Kinder zwischen 6 und 12 Jahren:

Vereinbarung
zwischen
Herrn...
und
Frau...
Zur Regelung des Umgangs des Vaters mit dem Kind..., geb. am... treffen die Mutter und der Vater folgende Vereinbarung:
1. Das Kind hat seinen ständigen Aufenthalt bei der Mutter. Der Vater hat das Recht, das Kind... an jedem zweiten Wochenende jeweils von Freitag 16:00 Uhr bis Sonntag 18:00 Uhr zu sich zu nehmen.
Die Mutter bringt das Kind zum Vater.
Oder:
Der Vater holt das Kind bei der Mutter ab. Die Mutter hat das Kind jeweils rechtzeitig zur Abholung vorzubereiten und ihm alle notwendigen Gegenstände mitzugeben. Er verpflichtet sich, das Kind pünktlich wieder zurückzubringen.

Und/Oder:
Der Vater kann das Kind zusätzlich an jedem Mittwoch von 16:00 bis 19:00 Uhr zu sich nehmen. Er holt das Kind ab und bringt es pünktlich wieder zurück.
2. Kann ein Wochenende gemäß Ziffer 1 aus einem wichtigen Grund nicht stattfinden, so ist er am darauf folgenden Wochenende zu den gleichen Zeiten nachzuholen.
3. Das Kind verbringt regelmäßig die Hälfte der Ferien beim Vater. Jeweils zu Beginn des Jahres oder spätestens zwei Monate vor den jeweiligen Ferien wird die Urlaubsplanung zwischen den Eltern abgestimmt.
a. Das Kind verbringt die Hälfte der Oster- und Pfingstferien beim Vater. Die Hälfte der Ferien schließt dabei Ostersonntag und Ostermontag mit ein. Diese Regelung wechselt von Jahr zu Jahr.
Oder:
Das Kind verbringt im jährlichen Wechsel die Osterferien beim einen, die Pfingstferien beim anderen Elternteil.
b. Von den Sommerferien verbringt das Kind. . . Wochen mit dem Vater.
c. Die übrigen Ferien verbringt das Kind jeweils im Wechsel bei Vater oder Mutter.
d. Den Heiligen Abend verbringt das Kind bei der Mutter, den ersten Weihnachtsfeiertag und die ersten Ferienwochen beim Vater, den Rest der Ferien bei der Mutter. Diese Regelung wechselt von Jahr zu Jahr.
4. Seinen Geburtstag verbringt das Kind bei der Mutter, es sei denn, der Geburtstag fällt in die Zeit des Umgangs mit dem Vater.
5. Das Kind besucht den Vater an seinem Geburtstag.
6. Das Kind hat das Recht, jederzeit mit dem Vater zu telefonieren. Die Mutter verpflichtet sich, einen entsprechenden Wunsch des Kindes zu respektieren.
7. Die Eltern informieren sich gegenseitig rechtzeitig, wenn ein Umgang ausfällt.

Selbst wenn einem Elternteil weder das Sorgerecht noch ein Umgangsrecht zusteht, bleibt ihm die Möglichkeit, vom anderen Elternteil Auskunft über die persönlichen Verhältnisse des Kindes zu verlangen. Hierzu gehören ua schulische Leistungen, Gesundheitszustand, Hobbys und in der Regel ein aktuelles Foto des Kindes.[9] Voraussetzung ist aber auch hier, dass dies dem Kindeswohl nicht widerspricht.

Das Gesetz hat für die Eltern die Möglichkeit eingeräumt, bei auftretenden Problemen nach einer gerichtlichen Entscheidung über das Umgangsrecht ein gerichtliches Vermittlungsverfahren in Anspruch zu nehmen. Durch dieses Verfahrens soll eine weitere Konfliktsteigerung, die eine zwangsweise Durchsetzung des Umgangsrechts im Wege der Vollstreckung mit sich bringt, verhindert werden.

3. Ausschluss und Einschränkung des Umgangsrechts

Da das Umgangsrecht auch ein Recht des Kindes ist, sind an einen Ausschluss hohe Anforderungen zu stellen. Es wird darauf abgestellt, ob der Umgang das Kindeswohl gefährdet. In diesen Fällen ist die Maßnahme zu ergreifen, die den geringsten Eingriff darstellt.

BEISPIEL: Der Kontakt zwischen Vater Gerd und Kind Benjamin war über einen längeren Zeitraum abgebrochen. Benjamin möchte vorerst den Umgang nicht allein mit Gerd ausüben.

In derartigen Fällen kann das Familiengericht einen begleiteten Umgang anordnen. Die Umgangstermine finden dann in Begleitung eines Dritten, sei es einer vertrauten Person oder einer vom Gericht bestellten Person statt.

BEISPIEL: Die sorgeberechtigte Mutter Sofia verweigert Vater Moritz den Umgang mit dem Kind Chantal. Trotz gerichtlicher Umgangsregelung übergibt sie Chantal nicht an Moritz oder schiebt Ausreden vor.

Eine Umgangsaussetzung würde den Vater bestrafen und falsche Zeichen an die verweigernde Mutter setzen. Das Familiengericht hat die Möglichkeit, einen Umgangspfleger zu bestellen, der den Umgang regelt oder in massiven Fällen sogar der Mutter die elterliche Sorge zu entziehen.

Problematisch sind die Fälle, in denen das Kind den anderen Elternteil ablehnt, da es vom sorgeberechtigten Elternteil negativ beeinflusst wird. Hier kann in Einzelfällen der Druck auf die Kinder so stark sein, dass ein durch das Gericht verordneter Umgang schädlicher ist, als ein Umgangsausschluss. Es kommt jedoch immer auf eine Abwägung im Einzelfall an.

Hier ist nach Alter und Motivation des Kindes zu unterscheiden. Bei kleineren Kinder muss die sorgeberechtigte Mutter erzieherisch auf das Kind einwirken und eine positive Einstellung zum Umgang fördern. Ist das Kind älter als zwölf Jahre, werden erzieherische Maßnahmen kaum zum Ergebnis führen. Ermöglichen begleitende Maßnahmen, wie Betreuer oder begleiteter Umgang, keinen Umgang, steht eine Aussetzung des Umgangs im Raum.

Im Falle eines Ausschlusses des persönlichen Umgangs ist jedoch zu prüfen, ob telefonischer, brieflicher oder Kontakt per Email möglich ist.

4. Umgangsrecht der Stiefeltern

Nicht nur die leiblichen Eltern können ein Umgangsrecht mit dem Kind haben, sondern auch besondere Bezugspersonen, wie Großeltern, aber auch Stiefeltern. Voraussetzung hierfür ist, dass die Bezugsperson für das Kind tatsächliche Verantwortung trägt oder getragen hat und daraus eine soziale Bindung für das Kind entstanden ist. Dies ist insbesondere anzunehmen, wenn die Person mit dem Kind längere Zeit in häuslicher Gemeinschaft gelebt hat. Bei der Zeitdauer ist auf das Alter des Kindes und das damit verbundene Zeitempfinden des Kindes zu berücksichtigen. In der Regel wird man hier von einem Zeitraum von mindestens sechs Monaten, ggf. einem Jahr, ausgehen müssen.

Darüber hinaus muss der Besuchskontakt dem Wohl des Kindes dienen.

BEISPIEL: Der Stiefvater Thomas heiratet seine Verlobte Sandra, die ein Kind Kevin (zwei Jahre) mit in die Beziehung bringt. Ein Kontakt zum leiblichen Vater Max besteht nicht. Für Kevin wird Thomas zur Vaterfigur. Es wird als Familie zusammen gelebt. Nach vier Jahren scheitert die Ehe. In diesem Fall ist eine längere häusliche Gemeinschaft mit einer sozialen Bindung anzunehmen. Es ist auch davon auszugehen, dass der Kontakt dem Kindeswohl dient. Das Gericht wird auf Antrag Thomas ein Umgangsrecht zusprechen.

5. Kosten des Umgangsrechts

Sofern die Eltern nichts anderes vereinbart haben, ist es Aufgabe des Umgangsberechtigten, das Kind beim anderen Elternteil abzuholen und dorthin wieder zurückzubringen. Dabei können je nach Wohnort der Eltern erhebliche Kosten entstehen.

Grundsätzlich hat der Umgangsberechtigte diese Kosten allein zu tragen. Er kann diese Kosten im Rahmen der Unterhaltsberechnung nicht einkommensmindernd in Abzug bringen.

Nur in Ausnahmefällen, in denen eine große räumliche Entfernung vorliegt und der Umgangsberechtigte in beengten wirtschaftlichen Verhältnissen lebt, kann eine Billigkeitsabwägung vorgenommen werden, wenn die Kostenlast dazu führen würde, dass der Umgang faktisch unmöglich wird. Es kommt dann entweder eine Erhöhung des Selbstbehalts bei der Unterhaltsberechnung in Betracht oder eine anteilige Kostenbeteiligung des anderen Elternteils, wenn dieser dazu in der Lage ist.

Die Eltern können jedoch eine Kostenbeteiligung vereinbaren.

6. Beschleunigung des Verfahrens

In der Vergangenheit waren Umgangsverfahren bei Gericht häufig sehr langwierige Prozesse. Allein die Verfahrensdauer bis zum ersten Termin konnte Monate dauern. Für diesen ersten Termin wurde das Jugendamt vom Gericht aufgefordert, einen Bericht über die Eltern und die Familiensituation zu erstellen. Je nach Personalauslastung des Jugendamtes musste auf diesen Bericht mehrere Wochen gewartet werden. Gerade in Streitigkeiten, in denen der Vater den Umgang einforderte, war diese lange Wartezeit zermürbend. Dieser Entwicklung haben viele Gerichte durch Verfahrensmodelle, die eine Beschleunigung herbeiführen sollen, Rechnung getragen. Als erstes Gericht hat dies das Amtsgericht Cochem mit dem Cochemer Modell[10] umgesetzt. Zahlreiche andere Amtsgerichte sind diesem

Modell in ähnlicher Form gefolgt. Ab 1.9.2009 hat der Gesetzgeber bestimmt, dass der erste Termin nach spätestens einem Monat stattfinden soll. Im Umgangsverfahren soll die Beratung und/oder Mediation größere Bedeutung gewinnen.

4. Kapitel

Namensrecht

Der Nachname des Kindes dokumentiert seine Familienzugehörigkeit nach außen. Heißt das Kind anders als ein Elternteil, stellen sich im Alltag häufig Probleme, zB Kindergarten, Ärzte etc. Dieser Elternteil muss sich dann zur Namenssituation erklären und ggf. Nachweise für seine Elternschaft vorlegen. Es sollte somit die Namensgebung gut überlegt werden.

Auch dem Kind selbst bleibt die Frage Gleichaltriger oft nicht erspart: „Wieso heißt du anders als dein Vater?“

1. Eheliche Kinder

Mit der Wahl des Ehenamens wird der Name des gemeinsamen ehelichen Kindes festgelegt.

Seit einigen Jahren bestehen zahlreiche Möglichkeiten, den Familiennamen bei der Eheschließung auszuwählen. 1994 wurde vom Gesetzgeber das neutrale Namensrecht eingeführt. Vor der Heirat sollte man sich Gedanken darüber machen, wie man in der folgenden Zeit heißen will. Es besteht die Auswahl zwischen folgenden Möglichkeiten:

- Entscheidung für den Nachnamen des Partners (Huber)
- Wahl des eigenen Nachnamens (Müller)
- Jeder behält seinen eigenen Nachnamen (Frau Huber und Herr Müller)

Es wird somit unterschieden zwischen Familiennamen und Begleitnamen:

- Der Familienname wird in die nächsten Generationen weitergeführt, der Begleitname wird angehängt.
- Die Kinder erhalten den Familiennamen. Es gilt die getroffene Regelung.
- Der Begleitnamen kann auch nach der Heirat noch schriftlich vom Standesamt angefügt werden. Ebenso kann der Begleitname auch wieder aufgegeben werden.
- Weitere Korrekturen sind nicht möglich, es sei denn im Fall einer Scheidung oder Verwitwung.
- Der Familienname kann nachträglich nicht wieder verändert werden.

Was bedeutet das Gesetz im Einzelnen? Ziel ist es, dass die Partner selbst entscheiden, welchen Namen sie künftig tragen wollen. Doppelnamen sind untersagt, weil sich durch die Generationen hindurch komplette Namensveränderungen ergeben würden.

Folgende Entscheidungen sind möglich:

- Die Eheleute nehmen den Familiennamen eines von beiden an und bleiben damit bei der traditionellen Regelung. Auch die Kinder tragen diesen Namen (Familie Müller).
- Ein Partner entscheidet sich für einen Doppelnamen – allerdings nur für sich selbst (Frau Huber-Müller). Die Kinder dürfen jedoch nur einen Namen tragen (Paul Müller).
- Sollten die Partner den gleichen Nachnamen haben, darf daraus kein Doppelname gemacht werden. (Müller-Müller geht nicht).
- Führt ein Partner vor der Heirat einen Doppelnamen (Becker-Müller), darf er diesen Namen weiterführen. In diesem Fall darf der Doppelname nicht vollständig hinzugefügt werden, sondern man muss sich für einen der Namen entscheiden. Diese Kombination kann jedoch nicht Ehename werden.
- Es kann jeder Ehepartner seinen Namen behalten (Frau Huber, Herr Müller, für die Kinder muss allerdings ein Familienname bestimmt werden. (Paul Müller).

- Im Falle einer Wiederverheiratung nach einer Scheidung kann jeder den Familiennamen weiterführen. Nach neuer Rechtsprechung darf auch dieser Name als Ehename gewählt werden.

2. Nichteheliche Kinder

Den Vornamen des Kindes bestimmt der Sorgeberechtigte. Den Familiennamen des Kindes hat das Kindschaftsrechtsreformgesetz von 1998 neu geregelt. Steht den Eltern das Sorgerecht gemeinsam zu,[11] können sie den Nachnamen des Vaters oder der Mutter wählen. Ist nur ein Elternteil sorgeberechtigt, so erhält das Kind den Familiennamen des sorgeberechtigten Elternteils.

Viele unverheiratete Eltern haben den Wunsch, dass ihr Kind einen aus den beiden Familiennamen der Eltern gebildeten Doppelnamen trägt. Dies ist nicht möglich. Die Eltern müssen sich für einen Nachnamen entscheiden.

Ist die Mutter bei der Geburt des Kindes noch mit einem anderen Mann verheiratet, so erhält das Kind automatisch den Ehenamen. Wenn die Vaterschaft geklärt und die Ehe geschieden ist, kann die Mutter ihren Geburtsnamen oder den bei der Eheschließung geführten Namen annehmen. Die NamensänderungNamensänderung der Mutter erstreckt sich automatisch auf das Kind, sofern es noch nicht fünf Jahre alt ist. Nach seinem fünften Geburtstag muss das Kind (sein gesetzlicher Vertreter) der Namensänderung zustimmen. Nach dem 14. Geburtstag kann das Kind die Erklärung nur selbst abgeben, bedarf aber bis zur Volljährigkeit der Zustimmung des gesetzlichen Vertreters.

Ist die Mutter zunächst allein sorgeberechtigt und trägt das Kind daher ihren Nachnamen, so können die Eltern den Nachnamen des Kindes ändern, wenn sie gemeinsame elterliche Sorge durch Sorgerechtserklärung oder Heirat begründen. Die Änderung muss binnen drei Monaten erfolgen. Falls das Kind über fünf Jahre alt ist, muss es der Änderung zustimmen.

Trennen sich die Eltern und erhält die Mutter die Alleinsorge, so hat sie nicht das Recht, eine erneute Namensänderung vorzunehmen.

5. Kapitel

Kindesunterhalt

Die Unterhaltspflicht ist eine der bekanntesten und auch einschneidensten Pflichten. Egal, ob es sich um eheliche Kinder oder Kinder aus einem One-Night-Stand handelt – die Eltern sind in der Pflicht. Häufig trifft die Zahlungspflicht die Väter, da die Kinder von den Müttern betreut werden. Bis zum 18. Lebensjahr kommen hier bereits in unteren Einkommensgruppen Beträge über 60.000 EUR zusammen. Studiert das Kind dann auch noch, sind Gesamtsummen von 100.000 EUR nicht selten.

Seit dem 1.7.1998 sind durch das Kindesunterhaltsgesetz die Unterhaltsansprüche aller

Kinder, verheirateter und nicht verheirateter Eltern, gleichgestellt. Mit der Unterhaltsrechtsreform zum 1.1.2008 wurden die Rechte der minderjährigen Kinder weiter gestärkt, da Sie nun durch die Neuregelung in § 1609 Nr. 1 BGB[12] an erster Stelle der Unterhaltsberechtigten stehen.

1. Unterhaltsschuldner

Kindesunterhalt wird primär von den Eltern geschuldet. In Ausnahmefällen kommt auch eine Unterhaltspflicht der Großeltern in Betracht, falls die Eltern nicht leistungsfähig sind oder nicht mehr leben.

Bei minderjährigen Kindern gilt:

Minderjährige Kinder haben Anspruch auf Naturalunterhalt (also Betreuung, Verpflegung usw.) und auf Barunterhalt (Geld). Leben die Eltern getrennt, so erfüllt derjenige Elternteil, bei dem das Kind lebt, seine Unterhaltspflicht bereits durch die Betreuung etc. Er gewährt Naturalunterhalt. Dieser Elternteil schuldet idR kein Geld.

Der andere Elternteil schuldet den sog Barunterhalt, dessen Höhe sich allein nach seinem Einkommen richtet. Anhand dieses Einkommens wird dann der zu zahlende Unterhalt in der Düsseldorfer Tabelle[13] abgelesen.

BEISPIEL: Die Kinder Max (7) und Moritz (13) leben bei der Mutter Tanja. Der Vater Fritz verdient netto 2.500 EUR, Tanja 1.100 EUR. Das Einkommen von Fritz entspricht Einkommensgruppe 4 der Düsseldorfer Tabelle. Für Max beträgt der Tabellenbetrag 419 EUR, für Moritz 490 EUR. Wenn Tanja das Kindergeld bezieht, ist jeweils noch der um das halbe Kindergeld reduzierte Tabellenbetrag zu zahlen, somit 327 EUR und 389 EUR.

Das Einkommen bzw. Vermögen desjenigen Elternteils, bei dem das Kind lebt, ist grundsätzlich irrelevant. Deshalb kann es vorkommen, dass ein Kind zB bei seiner gut verdienenden Mutter lebt, aber trotzdem vom seinem nur wenig verdienenden Vater Unterhalt verlangen kann.

Von dieser Regel gibt es folgende Ausnahmen:

- beim Sonderbedarf
- wenn derjenige Elternteil, bei dem das Kind lebt, sehr viel mehr Einkommen als der barunterhaltspflichtige Elternteil hat
- wenn das Kind sich abwechselnd bei beiden Elternteilen aufhält.

Bei volljährigen Kindern gilt: Ein volljähriges Kind hat keinen Anspruch mehr auf Naturalunterhalt (Betreuung), sondern nur noch auf Barunterhalt (Geld). Gegenüber volljährigen Kindern sind beide Eltern barunterhaltspflichtig, und zwar auch derjenige Elternteil, bei dem das Kind lebt.

Für den Barunterhalt eines volljährigen Kindes bis zum Ende der Ausbildung haften beide Elternteile. D. h., mit Eintritt der Volljährigkeit haben grundsätzlich beide Eltern Unterhalt in Geld zu zahlen. Das gilt auch für denjenigen Elternteil, bei dem das Kind lebt. Dieser Elternteil kann nicht entgegenhalten, er leiste (weiterhin) Naturalunterhalt. Der Naturalunterhalt kann aber mit dem Barunterhalt verrechnet werden.

Jeder Elternteil haftet (nur) anteilmäßig in Höhe seines unterhaltsrelevanten Einkommens abzüglich des Selbstbehalts, der gegenüber privilegierten volljährigen Kindern bei 1000 EUR liegt (800 EUR beim Nichterwerbstätigen). Gegenüber anderen volljährigen Kindern (zB Studierenden) liegt der Selbstbehalt bei 1.200 EUR.

Beachte:

Die Unterhaltspflicht eines Elternteils kann deshalb nur dann ausgerechnet werden, wenn auch das Einkommen des anderen Elternteils bekannt ist. Das volljährige Kind, das Unterhalt verlangt, ist verpflichtet, dem einen Elternteil über das Einkommen des anderen Elternteils Auskunft zu geben.
Jeder Elternteil schuldet aber maximal den Unterhalt, der sich nach der Düsseldorfer Tabelle ergeben würde, wenn er alleine Unterhalt nach seinem Einkommen zahlen müsste.

$$\frac{\text{Einkommen Vater} - \text{Selbstbehalt 1.200 EUR)}}{\text{Einkommen beider Eltern} - 2 \times \text{Selbstbehalt (1.200 EUR)}} \times \text{Bedarf} - \text{Anteil Vater}$$

BEISPIEL: Student Phillip wohnt auswärts. Er ist bei beiden Eltern der einzige Unterhaltsberechtigte. Der Vater Tom verdient netto 2.600 EUR, Mutter Claudia 1.600 EUR. Das Kindergeld erhält Claudia. Bedarf nach Düsseldorfer Tabelle 670 EUR, abzüglich volles Kindergeld, ergibt 486 EUR. Anteil von Tom: (2.600 EUR – 1.200 EUR): (2.600 EUR + 1.600 EUR – 2.400 EUR) × 486 = EUR 378. Tom muss somit 378 EUR bezahlen. Auf Claudia entfallen 108 EUR.

2. Höhe des Kindesunterhalts

Der Unterhaltsanspruch wird in mehreren Schritten ermittelt:

Zunächst wird der sog Unterhaltsbedarf ermittelt. Hierbei geht es um die Frage, wie viel Geld das Kind mindestens für seinen Lebensunterhalt braucht. Die Höhe dieses Betrages richtet sich gemäß § 1610 BGB nach der „Lebensstellung des Bedürftigen". Die Lebensstellung des Bedürftigen – hier also des Kindes – ist je nach seiner Lebenssituation verschieden.

Deshalb muss man folgende Gruppen unterscheiden:

- minderjährige Kinder
- volljährige Schüler bzw. Auszubildende bis 21 Jahre, die noch im Elternhaus wohnen
- Studenten
- andere volljährige Kinder.

Minderjährige Kinder leiten ihre Lebensstellung von den Eltern ab. Für die Barunterhaltspflicht wird daher das Nettoeinkommen des Unterhaltspflichtigen zugrunde gelegt. Steht dieses fest, wird der Kindesunterhalt in der Regel nach den Sätzen der Düsseldorfer Tabelle festgelegt.

Für die zweite Gruppe gilt Altersgruppe 4 der Düsseldorfer Tabelle. Studenten und volljährige Kinder mit eigenem Hausstand haben eine eigene Lebensstellung. Für diese Kinder wird ein Bedarf von 670 EUR festgesetzt.

Sind die Kinder nicht in der gesetzlichen Familienversicherung mit krankenversichert, so sind die Kosten einer privaten Krankenversicherung neben den Beträgen der Düsseldorfer Tabelle[14] zu bezahlen.

Auf der **zweiten Stufe** wird das eigene Einkommen des Kindes ggf. vom Unterhaltsanspruch abgezogen.

Zu beachten ist, dass das anrechenbare Einkommen minderjähriger Kinder beiden Elternteilen gleichmäßig zu Gute kommt. Die Barunterhaltspflicht verringert sich also nur um die Hälfte des anrechenbaren Kindeseinkommens.

Man erhält so den Unterhaltsanspruch.

BEISPIEL: Vater Karl ist den zwei Kindern Lisa (13) und Marie (17) unterhaltspflichtig. Sein einzusetzendes Einkommen beträgt 2.400 EUR. Marie erhält ein einzusetzendes Lehrlingsgehalt von 300 EUR. Kindergeld erhält die Ehefrau Simone. Es ist somit Kindesunterhalt nach Stufe 4 der Düsseldorfer Tabelle zu zahlen. Nach Abzug des halben Kindergeldes beträgt der Unterhalt für Lisa 398 EUR. Bei Marie wird das halbe Lehrlingsgehalt abgezogen, sodass ihr 248 EUR zustehen.

Bei Minderjährigen Kindern wird das hälftige Kindergeld vom Unterhaltsbedarf abgezogen, wenn der betreuende Elternteil das Kindergeld erhält. Andernfalls ist die Unterhaltszahlung um das halbe Kindergeld zu erhöhen. Bei volljährigen Kindern wird das Kindergeld in vollem Umfang vom Unterhaltsbedarf abgezogen.

Bei volljährigen Kindern wird schließlich noch ermittelt, wie sich dieser Unterhaltsanspruch auf beide Eltern aufteilt, dh welcher Elternteil welchen Anteil des Unterhaltsanspruchs zu zahlen hat.

3. Berechnung des unterhaltsrelevanten Einkommens

Die Grundlage einer Unterhaltsberechnung ist immer das sog durchschnittliche bereinigte Monatsnettoeinkommen des Zahlungspflichtigen. Es wird also zunächst ermittelt, wie viel der Unterhaltszahler monatlich netto zur Verfügung hat. Man nennt dies die Ermittlung der Leistungsfähigkeit, denn verteilt werden kann nur das, was tatsächlich auch vorhanden ist.

Bei Einkünften aus nichtselbstständiger Tätigkeit berechnet sich die Leistungsfähigkeit nach folgendem Schema:

Jahresbruttoeinkommen einschließlich aller Einmalzuwendungen

./. gezahlte Lohn-, Kirchen- und sonstige Steuern

./. Sozialabgaben (Renten-, Arbeitslosen-, Kranken- und Pflegeversicherung)

./. Berufsbedingte Aufwendungen (im Regelfall pauschal 5%)

./. angemessene Raten anerkennenswerter Kreditverpflichtungen oder zusätzlicher Altersvorsorge

ergibt das Jahresnettoeinkommen.

Das Jahresnettoeinkommen wird durch zwölf geteilt, um das durchschnittliche Monatsnettoeinkommen zu erhalten.

Unter berufsbedingten Aufwendungen versteht man Kosten, die notwendig mit der Ausübung des Berufs verbunden sind, also etwa Ausgaben für Fachbücher, Berufskleidung, Beiträge zu Berufsverbänden, beruflich bedingte Fahrten zwischen Wohnung und Arbeitsstätte. Um einer kleinlichen Rechnerei vorzubeugen, können nach der Rechtsprechung der meisten Oberlandesgerichte diese Kosten mit einer Pauschale von 5% vom Monatsnettoeinkommen – höchstens aber monatlich 150 EUR – angesetzt werden, wenn solche Aufwendungen überhaupt anfallen.

BEISPIEL: Einkommen mit Steuerklasse I 1:

Gesamtbrutto	60.200,64 EUR
LSt	– 14.211,00 EUR
Soli	– 650,92 EUR
RV + AV gesamt	– 7.026,58 EUR
	38.312,14 EUR
$^1/_{12}$	3.192,67 EUR
KV Eigenanteil	– 257,40 EUR
PflV Eigenanteil	– 35,10 EUR
Vorsorge	– 288,02 EUR
	2.612,15 EUR
5% berufsbedingte Aufwendungen	– 130,62 EUR
	2.481,53 EUR

Bei Selbstständigen gilt im Prinzip das Schema auch. Hier muss nur gesondert ermittelt werden, wie hoch die Altersvorsorge- und Krankenversicherungszahlungen sind, da Selbstständige nicht in der gesetzlichen Renten- bzw. Krankenversicherung sind.

Beachte

Bei Freiberuflern können berufsbedingte Aufwendungen nicht zusätzlich berücksichtigt werden, weil alle entsprechenden Kosten bereits bei der Ermittlung des Gewinnes abgesetzt worden sind.

4. Unterhaltsanspruch bei Ausbildung

Der Unterhaltsanspruch des Kindes umfasst die Kosten einer optimalen begabungsbezogenen Berufsausbildung. Geschuldet wird dabei von den Eltern eine ihnen wirtschaftlich zumutbare Ausbildung. Dies ist insbesondere dann zu klären, wenn die Ausbildung für die Eltern unvorhersehbar lange dauert, zB Weiterbildung (Abitur-Lehre-Studium) oder die Eltern sich bei beengten Mitteln aufgrund ihres Alters in ihrer Lebensplanung auf die eigene Sicherung des künftigen Auskommens konzentrieren müssen.

Der Verpflichtung der Eltern steht die Pflicht der Kinder gegenüber ihre Ausbildung mit gehörigem Fleiß und Zielstrebigkeit zu betreiben und diese innerhalb der üblichen Dauer zu beenden.

Zum Ausbildungsanspruch ergeben sich zahlreiche Einzelfragen.

Dabei ist bei jüngeren Kindern in Ermessensfragen großzügiger vorzugehen, als bei älteren.

a) Berufswahl

Bei minderjährigen Kindern bestimmen die Sorgeberechtigten über Ausbildung und Beruf. Hierbei ist insbesondere auf die Neigungen des Kindes Rücksicht zu nehmen. Volljährige Kinder bestimmen über ihr Berufsziel selbst. Auf Wünsche der Eltern kommt es nicht an. Die gewählte Ausbildung muss jedoch geeignet sein, den späteren Lebensunterhalt zu sichern.

b) Eignung

Eine Eignung ist dann anzunehmen, wenn der bisherige schulische Werdegang einen erfolgreichen Abschluss erwarten lässt. Abwegige Berufswünsche, die mit den Anlagen und Fähigkeiten des Kindes nicht übereinstimmen, müssen nicht finanziert werden. Bei Verlust der Studienberechtigung an einer Universität wegen zweimaligem Nichtbestehen einer Zwischenprüfung entfällt idR ein weiterer Anspruch auf Ausbildungsunterhalt.

c) Dauer

Die Ausbildung muss zielstrebig begonnen und durchgeführt werden. Nach Abschluss der Schule wird jedoch eine angemessene Orientierungsphase zugebilligt.

Bei erheblicher Überschreitung der Regelstudienzeit entfällt der Unterhaltsanspruch. Soweit ein Auslandssemester, auch bei Verlängerung der Studienzeit, für die Berufsausbildung sinnvoll ist, ist dies bei guten Einkommensverhältnissen der Eltern zu finanzieren.

Es ist der für einen Studiengang maßgebliche Studienplan einzuhalten.

Die Eltern sind nur dann verpflichtet, ein fachfremdes „Parkstudium" zu finanzieren, wenn sie hiermit einverstanden waren. Ansonsten sind Wartezeiten mit einer Erwerbstätigkeit zu überbrücken.

d) Weiterbildung

Eine angemessene Ausbildung umfasst auch die Kosten einer Weiterbildung. Hierzu zählt insbesondere der Ausbildungsweg Schule-Lehre-Studium, soweit ein enger zeitlicher und fachlicher Zusammenhang besteht. Zur Frage des fachlichen Zusammenhangs gibt es zahlreiche Rechtsprechung. Als Richtschnur hat der Bundesgerichtshof angegeben: Ein einheitlicher Werdegang besteht, wenn bei Beginn der Lehre der Weg zum Studium geplant und mit zumindest einem Elternteil besprochen wurde und die Ausbildungsabschnitte zeitlich ineinander greifen.

Grundsätzlich besteht jedoch kein Anspruch auf eine fachfremde Zweitausbildung. Ausnahmen bestehen ua, wenn die Ausbildung auf einer Fehleinschätzung der Eltern beruht oder die Eltern auf den Abschluss der Ausbildung bestanden, obwohl sich die falsche Berufswahl bald herausgestellt hatte.

5. Sonder- und Mehrbedarf

Die Beträge nach der Düsseldorfer Tabelle decken nur den laufenden regulären Bedarf des Kindes. Nicht in diesen Beträgen enthalten sind der sog Sonder- und Mehrbedarf[15].

Bei Mehrbedarf handelt es sich um regelmäßig anfallende erhöhte Kosten. Die Kosten müssen einen Umfang haben, der durch den laufenden Unterhalt nicht gedeckt werden kann. Typische Fälle sind Nachhilfestunden oder Kosten einer Privatschule.

Im Gegenzug dazu liegt Sonderbedarf bei unregelmäßig außergewöhnlich hohen Kosten vor, dh in der Regel bei einmaligen Zahlungen. Der Anfall darf nicht voraussehbar sein. Hierzu zählen Klassenfahrt, kieferorthopädische Behandlung, Säuglingserstausstattung. Bei Planbarkeit müssen ggf. Rücklagen aus dem laufenden Unterhalt gebildet werden.

Für beide Kosten haften die Eltern anteilig nach ihrem Einkommen.

6. Auswirkung einer neuen Ehe bzw. weiterer Kinder

Für die Unterhaltspflicht kommt es nur darauf an, wie viel der Unterhaltspflichtige verdient. Sein neuer Partner kann so viel verdienen wie er/sie will, der Verdienst wird nicht mitgerechnet. Der unterhaltspflichtige Vater kann daher zB eine reiche Frau heiraten, ohne dass sich dadurch der Kindesunterhalt erhöht.

Sämtliche Kinder eines Unterhaltspflichtigen sind untereinander gleichberechtigt, egal ob aus erster Ehe, zweiter Ehe oder unehelich.

Allerdings führt die Geburt weiterer Kinder idR zu einer Verringerung des Kindesunterhalts für die „alten“ Kinder, weil nunmehr niedrigere Sätze nach der Düsseldorfer Tabelle[16] anzuwenden sind. Der Düsseldorfer Tabelle liegt der Fall zu Grunde, dass eine Unterhaltspflicht gegenüber zwei Personen besteht (ein Ex-Ehegatte und ein Kind oder zwei Kinder). Sind mehr als zwei Unterhaltsberechtigte vorhanden, so ist der Unterhalt aus einer geringeren Einkommensgruppe zu entnehmen.

Minderjährige Kinder und ihnen gleichgestellte volljährige (zB Schüler) stehen somit auf Rang 1 der Unterhaltsberechtigten. Auf Rang 2 folgen Elternteile, die ein minderjähriges Kind betreuen, sowie Ehegatten aus einer Ehe von langer Dauer. Auf Rang 3 stehen alle sonstigen Ehegatten. Im 4. Rang folgen nicht gleichgestellte Volljährige.

BEISPIEL: Simon war bisher seiner Ehefrau Vera und einem volljährigen Studenten Ralf unterhaltspflichtig. Mit der neuen Partnerin Sandra bekommt er Zwillinge (Max und Moritz). Die Minderjährigen Zwillinge stehen im ersten Rang vor beiden Frauen und Ralf. Der Student ist kein einem Minderjährigen Gleichgestellter. Im 2. Rang steht Sandra, die die minderjährigen Kinder betreut und je nach Ehedauer die geschiedene Ehefrau. Erst an dritter Stelle folgt nun Ralf.

7. Folgen bei unregelmäßiger Zahlung oder Zahlungsverweigerung

Das Jugendamt kann beraten und unterstützen. Bei Unsicherheiten, wenn der Unterhaltspflichtige gar nicht oder unregelmäßig zahlt, ist es aber auch sinnvoll, sich an einen Anwalt zu wenden.

Beachte

Es sollte nicht zu lange gewartet werden, bis Beratung und Unterstützung in Anspruch genommen werden. Unterhalt kann nämlich grundsätzlich nur für die Zukunft gefordert werden.

Wurde also in der Vergangenheit zu wenig oder gar kein Unterhalt bezahlt, es wurde aber auch nichts unternommen, kommt der Pflichtige billig davon: Er muss nichts nachzahlen!

Der Unterhaltspflichtige kann aufgefordert werden, bei dem zuständigen Jugendamt eine Urkunde (Vollstreckungstitel) errichten zu lassen. Das ist kostenlos. Eine Urkunde kann nur für Kindesunterhalt für Kinder bis 21 Jahre errichtet werden.

Wenn der Unterhaltspflichtige nicht freiwillig zum Jugendamt geht, bleibt nur der Weg zum Gericht. Befindet sich der Pflichtige im Verzug, kann man seine Gerichts- und Anwaltskosten bei ihm als Verzugsschaden geltend machen. Man sollte den Pflichtigen deshalb schriftlich (per Einschreiben/Rückschein) zur Erstellung einer Jugendamtsurkunde auffordern und ihm eine bestimmte Frist (2 bis 3 Wochen) setzen.

Besteht bereits ein Unterhaltstitel (Urteil oder Jugendamtsurkunde), kann der Unterhaltsberechtigte die Zwangsvollstreckung zB Gehaltspfändung betreiben.

8. Unterhaltsvorschuss

Zahlt der unterhaltspflichtige Elternteil nicht oder nur unterhalb des Regelbedarfs nach Düsseldorfer Tabelle, so soll das Unterhaltsvorschussgesetz Abhilfe leisten. Der Unterhaltsvorschuss ist somit eine wichtige finanzielle Hilfe für Alleinerziehende.

a) Voraussetzungen

- Das Kind darf das zwölfte Lebensjahr noch nicht vollendet haben.
- Es muss bei einem Elternteil leben, der ledig, geschieden, verwitwet oder dauernd getrennt lebend ist. Verheiratete Eltern gelten dann als dauernd getrennt lebend, wenn ein Elternteil wegen Krankheit, Behinderung oder auf Grund richterlicher Anordnung voraussichtlich für wenigstens sechs Monate in einer Anstalt untergebracht ist.

- Es erhält nicht ausreichend, nicht regelmäßig oder gar keinen Unterhalt vom anderen Elternteil (§ 1 Abs. 1 Nr. 3 UVG). Falls der andere Elternteil verstorben ist, werden Unterhaltsvorschussleistungen dann gezahlt, wenn die Waisenbezüge eine bestimmte Höhe nicht erreichen.

Zuständig sind die örtlichen Jugendämter.

Es besteht die Pflicht, den Namen des Vaters zu nennen. Eine Ausnahme von dieser Pflicht besteht nur, wenn eine „beachtliche anerkennenswerte Konfliktlage“ vorliegt.

Das kann zB die Furcht vor Misshandlung oder anderen Repressalien sein. Eine Konfliktlage besteht auch dann, wenn der Vater des Kindes zB von Scheidung bedroht ist, selbst noch minderjährige Kinder hat und sowieso wahrscheinlich nichts zahlen könnte.

Wenn kein glaubhafter Konflikt vorliegt, entfällt sonst grundsätzlich der Anspruch auf Unterhaltsvorschuss.

b) Höhe der Leistungen

Die Höhe des Unterhaltsvorschusses bemaß sich bis zum 31.12. 2007 an den Regelsätzen der Regelbetrag-Verordnung, wobei das an den erziehenden Elternteil gezahlte Kindergeld zur Hälfte angerechnet wurde. Die Höhe des Unterhaltsvorschusses wird ab 2008 nicht mehr nach der Regelbetrag-Verordnung bestimmt, sondern ist direkt im UVG geregelt. Dabei wird die Mindestunterhaltsleistung zwar erhöht, jedoch wird das Kindergeld voll angerechnet. Kinder aus den neuen Bundesländern erhalten ab 2008 den gleichen Betrag wie westdeutsche Kinder. Nach Anrechnung des Kindergeldes ergeben sich folgende Beträge:

	Kinder bis 5 Jahre	Kinder von 6 bis 11 Jahre
Beträge 2014	133 EUR	180 EUR

Von den genannten Unterhaltsvorschussbeträgen werden Unterhaltszahlungen des anderen Elternteils oder die Waisenbezüge, die ein Kind nach dem Tod des anderen Elternteils oder nach dem Tod eines Stiefelternteils erhält, abgezogen. Auf die Unterhaltsvorschussleistung werden Unterhaltszahlungen des anderen Elternteils bzw. Waisenbezüge angerechnet.

Die Leistungen werden längstens für 72 Monate gezahlt. Mit Vollendung des 12. Lebensjahres besteht kein Anspruch auf Unterhaltsvorschuss.

Tipp:

Ab dem sechsten Lebensjahr gibt es mehr Unterhaltsvorschuss. Falls möglich, sollte der Leistungsbezug in den Zeitraum 6–11 Jahre gelegt werden.

Der barunterhaltspflichtige Elternteil wird damit nicht von seinen Verpflichtungen befreit, wenn der Staat dem Kind Unterhaltsvorschuss zahlt. Daher gehen die Unterhaltsansprüche des Kindes gegen den anderen Elternteil in Höhe des Unterhaltsvorschusses auf das Land über, das diese Ansprüche geltend macht und ggf. einklagt oder vollstreckt.

9. Wechselmodell

Eine Abweichung vom Modell Bar- und Naturalunterhalt besteht, wenn beide Eltern das Kind in gleichem Rahmen betreuen. Maßgeblich ist hier, dass bei keinem Elternteil der Schwerpunkt der tatsächlichen Förderung und Fürsorge liegt und keiner die Hauptverantwortung trägt. Dies wird in der Regel nur bei exakten 50 : 50 Regelungen der Fall sein. Am einfachsten ist in diesen Fällen, wenn sich die Eltern gegenseitig von Unterhaltsansprüchen frei stellen, also jeder in der Zeit, in der das Kind bei ihm ist, für dieses aufkommt. Tun sie dies nicht, wird der Kindesunterhalt in der Regel wie bei Volljährigen nach Quoten berechnet. Hat ein Elternteil kein Einkommen, so wird der andere durch einen Abschlag des Tabellenunterhalts entlastet.

Eine lediglich weitgehende Umgangsregelung berechtigt in der Regel nicht zu Unterhaltskürzungen.

10. Scheinvaterregress

In vielen Fälle stellt sich erst nach Jahren heraus, dass der Mann, der bisher als Vater galt, nicht der biologische Vater ist. Umgangssprachlich ist hier von sog „Kuckuckskindern“ die Rede.

Beseitigt dieser Mann seine rechtliche Vaterschaft (infolge Ehe oder Anerkenntnis) durch eine Vaterschaftsanfechtung und wird ein anderer als Vater des Kindes festgestellt, kann er vom Anderen Ersatz seiner Leistungen verlangen. Es ist dabei unerheblich, ob der biologische Vater bisher von seiner Vaterschaft wusste oder diese wollte. Der Zahlvater hat einen Anspruch auf Feststellung der Vaterschaft gegen den leiblichen Vater. Der Ersatzanspruch richtet sich nach dem Unterhaltsanspruch gemäß Düsseldorfer Tabelle, maximal jedoch die tatsächlich erbrachten Leistungen. Die Ansprüche können rückwirkend ab Geburt des Kindes geltend gemacht werden. Hier kommen sehr schnell hohe Summen zusammen.

BEISPIEL: Julian und Silvia sind verheiratet. Bei der Trennung teilt Silvia Julian mit, dass das eheliche Kind Simon nicht von ihm sei, sondern von ihrer Jugendliebe Carlos. Julian ficht daraufhin erfolgreich die Vaterschaft an. Weder Silvia noch Carlos sind zu einer Vaterschaftsfeststellung bereit. Julian kann im Rahmen seiner Regressklage die Vaterschaft feststellen lassen und den geleisteten Unterhalt, je nach Leistungsfähigkeit von Carlos, geltend machen.

6. Kapitel

Betreuungsunterhalt

Sind aus einer Partnerschaft gemeinsame Kinder hervorgegangen, so hat der betreuende Elternteil Anspruch auf den sog Betreuungsunterhalt, wenn er infolge der Kinderbetreuung keiner Erwerbstätigkeit nachgehen kann.

1. Unterhalt des Ehegatten

Nach der Reform des Unterhaltsrechts ist der nacheheliche Ehegattenunterhalt in allen Bereichen stärker auf das Wohl und die Interessen minderjähriger, gemeinschaftlicher Kinder ausgerichtet und gleichzeitig die nacheheliche Eigenverantwortung der Ehegatten im Gegensatz zur sog nachehelichen Solidarität hervorgehoben. Mit anderen Worten gesagt: Sind gemeinschaftliche betreuungsbedürftige Kinder vorhanden, bestehen grundsätzlich Ehegattenunterhaltsansprüche. Dieser dauert idR bis zum Ende der Betreuungsbedürftigkeit der Kinder, was im Regelfall mit Vollendung des 15. Lebensjahres des jüngsten Kindes eintritt. Bleibt die Ehe kinderlos, kommt es auf die Dauer der Ehe und so genannte ehebedingte Nachteile an, die der unterhaltsberechtigte Ehegatte in seinem beruflichen Fortkommen während der Ehe eventuell erlitten hat.

BEISPIEL: Fritz und Susanne lernen sich während des Maschinenbaustudiums kennen, sie heiraten. Es kommen zwei Kinder, Maria und Josef, zur Welt. Susanne bricht darauf hin das Studium ab, um sich der Kindererziehung widmen zu können. Nach 17 Jahren trennen sich Fritz und Susanne. Susanne hat während der Ehe nicht gearbeitet.
Ohne Eheschließung und Kindererziehung hätte Susanne ihr Studium abgeschlossen und vollzeitig im erlernten Beruf gearbeitet. Dies ist ihr nun nicht mehr möglich. Es liegt somit ein ehebedingter Nachteil vor.

Weiter geht der Gesetzgeber seit 1.1.2008 davon aus, dass sämtliche nacheheliche Unterhaltsansprüche, sei es wegen Betreuung gemeinschaftlicher Kinder, wegen Aufstockung, Ausbildung, Krankheit oder wegen Alters, zeitlich und/oder betragsmäßig zu begrenzen sind. Nur wenn der unterhaltsberechtigte Ehegatte darlegen und beweisen kann, dass er nicht wieder gutzumachende, oben genannte ehebedingte Nachteile erlitten hat, ist ein Unterhaltsanspruch zeitlich und/oder betragsmäßig unbegrenzt zuzusprechen. Selbst wenn ehebedingte Nachteile nicht eingetreten sind, kann es sein, dass eine sehr lange Ehedauer (mehr als 20 Jahre) zu einer gesteigerten nachehelichen Solidarität führt, die einer Befristung des Unterhaltsanspruchs entgegensteht.

Weiterer Eckpunkt der Unterhaltsreform ist die Vorverlagerung der Erwerbspflicht des betreuenden Elternteils. So ist idR von einer betreuenden Mutter seit 1.1.2008 zu erwarten, dass sie ab Vollendung des 3. Lebensjahres des Kindes einer stundenweisen Tätigkeit nachgeht, sofern eine verlässliche Betreuung des Kindes gewährleistet ist. Dieser stundenweise Hinzuverdienst geht peu a peu in Richtung einer Verpflichtung zur Ausübung einer halbschichtigen Erwerbstätigkeit bis zur Vollendung des 8. Lebensjahres des Kindes. Danach und bis zum 15. Lebensjahr ist dann eine Tätigkeit idR bis zu 75% einer Vollbeschäftigung geschuldet, ab dem 15. Lebensjahr dann die Ausübung einer Ganztagstätigkeit. Nicht zu vergessen ist dabei, dass die „Belange des Kindes“ stets im Vordergrund stehen und etwa eine trennungsbedingte verstärkte Betreuungsbedürftigkeit sowie die Wahrnehmung von Erziehungsaufgaben und Betreuung für musische sowie sportliche Betätigungen der Kinder einer (teilweisen) Erwerbstätigkeit entgegenstehen können. Kann das Kind umfassender betreut werden, zB durch Großeltern, kommt eine frühere Pflicht zur Vollerwerbstätigkeit in Betracht.

Strikte Altersregeln wollte der Gesetzgeber nicht aufnehmen, sodass hier die Erwerbsmöglichkeit stets im Einzelfall zu prüfen ist.

Nacheheliche Ehegattenunterhaltsansprüche können versagt, zeitlich und/oder betragsmäßig begrenzt werden, sofern der unterhaltsberechtigte Ehegatte mit einem neuen Partner in einer verfestigten Lebensgemeinschaft lebt. Eine derartige Verfestigung ist frühestens dann gegeben, wenn diese Beziehung mehr als zwei Jahre besteht bzw. wenn sich sonst konkrete Anhaltspunkte für ein gemeinsames Füreinandereinstehen, beispielsweise der gemeinschaftliche Erwerb einer Immobilie, abzeichnen. Dies wird jedoch eingeschränkt, wenn minderjährige eheliche Kinder betreut werden.

Vereinbarungen über den nachehelichen Ehegattenunterhalt sind grundsätzlich zulässig, bedürfen aber, sofern sie vor rechtskräftiger Scheidung getroffen werden, der notariellen Beurkundung oder einer Protokollierung im Rahmen eines gerichtlichen Verfahrens.

Kommt es zwischen den Eheleuten zu keiner Einigung über den nachehelichen Ehegattenunterhalt, kann auch insoweit das Familiengericht angerufen werden. Sinnvoll ist es, den nachehelichen Ehegattenunterhalt zusammen mit der Ehescheidung als Folgesache im sog Scheidungsverbund einzuklagen. Die Ehe wird erst dann geschieden, wenn auch über den Ehegattenunterhalt eine Entscheidungsreife vorliegt.

2. Rangfragen

Bestehen neben dem Unterhaltsanspruch der geschiedenen Ehefrau auch Unterhaltsansprüche der mit dem Vater nicht verheirateten Mutter eines Kindes aus einer neuen Beziehung, kommt es darauf an, ob die geschiedene Ehefrau ebenfalls wegen Betreuung eines gemeinschaftlichen Kindes unterhaltsberechtigt ist, oder ob eine Ehe von langer Dauer (mindestens 20 Jahre) vorlag. Nur dann sind sowohl die geschiedene Ehefrau als auch die mit dem Vater nicht verheiratete Mutter im Rang gleichberechtigt. In allen anderen Fällen geht die mit dem Vater nicht verheiratete Mutter dem Unterhaltsanspruch der geschiedenen Ehefrau seit 1. 1. 2008 im Rang vor. Erstrangig sind sämtliche minderjährigen gemeinschaftlichen Kinder, die noch im Haushalt der Eltern oder eines Elternteils leben, sich in der allgemeinen Schulausbildung befinden und das 21. Lebensjahr noch nicht vollendet haben.

3. Unterhalt in der nichtehelichen Lebensgemeinschaft

Sofern aus der nichtehelichen Lebensgemeinschaft keine gemeinsamen Kinder hervorgegangen sind, bestehen von Gesetzes wegen keinerlei Unterhaltsansprüche.

Selbstverständlich können die Partner der nichtehelichen Lebensgemeinschaft aber eine formfreie
Vereinbarung über derartigen Unterhalt freiwillig treffen.

Sind aus der nichtehelichen Lebensgemeinschaft ein oder mehrere Kinder hervorgegangen, besteht neben der Unterhaltsverpflichtung des nicht betreuenden Elternteils für die Kinder auch ein Unterhaltsanspruch des betreuenden Elternteils gemäß § 1615 l BGB. Danach ist der Vater gegenüber der Mutter für die Dauer von sechs Wochen vor und acht Wochen nach der Geburt des Kindes unterhaltspflichtig. Darüber hinaus bestehen Betreuungsunterhaltsansprüche solange und soweit wegen der Pflege oder Erziehung des Kindes einer Erwerbstätigkeit von der Mutter nicht erwartet werden kann. IdR gelten insoweit die zum nachehelichen Ehegattenunterhalt dargestellten Erwerbspflichten des betreuenden Elternteils. Mit Wegfall der Betreuungsbedürftigkeit des Kindes endet dieser Unterhaltsanspruch.

Bei der Höhe des Unterhalts ist zu unterscheiden, ob der betreuende Elternteil mit dem Unterhaltspflichtigen eine Lebensgemeinschaft gebildet hat. Ist dies der Fall, berechnen sich die Unterhaltsansprüche ähnlich wie beim nachehelichen Ehegattenunterhalt. Haben die Eltern dagegen noch nie zusammengelebt, ist Maßstab für die Höhe des Unterhaltsanspruches des betreuenden Elternteils dessen Einkunftssituation vor der Geburt des Kindes. Allerdings wird dieser Unterhaltsanspruch dann auf den Betrag begrenzt, der sich ergeben würde, wenn die Parteien zusammengelebt hätten.

War die Mutter zunächst verheiratet, und stammt aus dieser Ehe bereits ein betreuungsbedürftiges minderjähriges Kind, und hat die Mutter mit ihrem nichtehelichen Lebenspartner ein weiteres Kind zur Welt gebracht, stehen die Unterhaltsansprüche der Mutter gegen den geschiedenen Ehemann sowie gegen den nichtehelichen Lebensgefährten in Konkurrenz. Beide Väter haften für den Unterhaltsanspruch der Mutter nach den jeweiligen Einkommensverhältnissen. Hierbei ist zu berücksichtigen, dass die Mutter, hätte sie kein Kind aus der neuen Partnerschaft, nach dem neuen Unterhaltsrecht vermutlich keinen oder nur noch einen geringeren Unterhaltsanspruch, der zudem in aller Regel zu befristen wäre, gegen den geschiedenen Ehemann hätte. Insoweit ist in diesen Fällen dann eine überwiegende Haftung des nichtehelichen Lebenspartners gegeben. Daneben ist gesondert zu beurteilen, ob und ggf. in welchem Umfang eine verfestigte Lebensgemeinschaft mit dem nichtehelichen Lebenspartner vorliegt, was schließlich zu einem gänzlichen Ausschluss des Unterhaltsanspruches gegen den geschiedenen Ehemann führen kann.

4. Hausmann

Entscheiden sich die Eltern dafür, dass der Vater das gemeinsame Kind betreut, hat er in gleichem Umfang wie oben dargestellt, einen Unterhaltsanspruch gegen die Mutter.

Die Aufgabe der Erwerbstätigkeit ist jedoch nicht möglich, wenn der Vater noch weiteren Kindern unterhaltspflichtig ist. Die Aufgabe der Erwerbstätigkeit darf nicht zu Lasten der Kinder gehen. Ein Rollenwechsel ist nur dann zu akzeptieren, wenn die neue Partnerin/Ehefrau mehr verdient. Die neue Partnerin/Ehefrau muss nicht für die Unterhaltspflichten aufkommen. Sie muss jedoch den Bedarf des Hausmannes sicherstellen. Der Hausmann ist verpflichtet, eine Nebentätigkeit aufzunehmen, die die Unterhaltspflichten abdeckt. Dabei ist bei ihm kein Selbstbehalt vom Einkommen abzusetzen, da dieser durch die berufstätige Ehefrau/ Partnerin erfüllt werden muss.

BEISPIEL: Vater Max hat eine Tochter Sonja aus erster Ehe. Er verdient netto 2.200 EUR. Er heiratet Tina. Diese verdient netto 1.500 EUR. Es kommt der Sohn Tom zur Welt. Max nimmt Erziehungsurlaub und betreut Tom.
Die Rollenverteilung ist hier nicht zu akzeptieren. Max muss also weiter seinem Beruf nachgehen oder sich so behandeln lassen, als hätte er das frühere Einkommen. Die Unterhaltsverpflichtung orientiert sich am früheren Einkommen.

7. Kapitel

Erbrecht

Die Geburt eines Kindes hat erhebliche erbrechtliche Konsequenzen. Steht die Vaterschaft des Erblassers fest, ist das Kind erb- und pflichtteilsberechtigt. Hierbei kommt es nicht darauf an, ob es sich um eheliche oder nichteheliche Kinder handelt.[17]

1. Gesetzliche Erbfolge

Stirbt der Erblasser ohne eine Regelung getroffen zu haben, bestimmt das Gesetz, wer Erbe wird. Die Erben werden wie folgt ermittelt:

a) Erbrecht nach Ordnungen

Erben der näheren Ordnung schließen Erben entfernterer Ordnungen vollständig aus. Zur ersten Ordnung zählen Abkömmlinge des Erblassers (also Kinder oder Enkelkinder – nichteheliche oder adoptierte Kinder stehen ehelichen Kindern vollständig gleich), zur zweiten Ordnung die Eltern des Erblassers bzw. deren Abkömmlinge (also beispielsweise Geschwister, Neffen/Nichten). Wenn auch nur ein Erbe der ersten Ordnung vorhanden ist, kommen Erben der zweiten Ordnung nicht zum Zug.

BEISPIEL: Der Erblasser Erwin hat einen nichtehelichen Enkel Martin (erste Ordnung) und einen Bruder Felix (zweite Ordnung). Martin schließt Felix vollständig aus und erbt allein.

b) Rang innerhalb der Ordnung

Die näheren Verwandten innerhalb einer Ordnung schließen die entfernteren Verwandten aus.

BEISPIEL: Der Sohn schließt beispielsweise den Enkel, der Vater den Bruder bzw. die Schwester aus.

An die Stelle eines vorverstorbenen Erben treten die durch ihn mit dem Erblasser verwandten Abkömmlinge „nach Stämmen".

BEISPIEL: Ist der Sohn bereits vorverstorben, treten an dessen Stelle die Enkel, die sich den ursprünglichen Anteil des Sohnes zu gleichen Quoten aufteilen.

c) Berücksichtigung des Erbrechts des Ehegatten

Bevor die Erbanteile berechnet werden, muss zuvor die Erbquote des überlebenden Ehegatten des Erblassers ermittelt werden. Diese Erbquote ist abhängig davon, in welchem ehelichen Güterstand der Erblasser mit dem Ehegatten gelebt hat. War kein Ehevertrag vorhanden, so dass beide im gesetzlichen Güterstand, der sog „Zugewinngemeinschaft" lebten, erbt der Ehegatte neben Kindern/Enkeln zunächst ein Viertel, neben Erben der zweiten Ordnung (Eltern/Geschwister) die Hälfte. Zusätzlich erhält der überlebende Ehegatte ein weiteres Viertel als „pauschalen Zugewinnausgleich", sofern er nicht stattdessen das Erbe ausschlägt und den Zugewinn tatsächlich berechnen lässt. Unterbleibt (wie im Regelfall) eine solche Ausschlagung, würde also der Ehegatte neben Kindern insgesamt ein Halb erben, neben Eltern oder Geschwistern insgesamt drei Viertel des Nachlasses.

Lebten die Ehegatten dagegen im ehevertraglichen Güterstand der Gütertrennung, entfällt naturgemäß die pauschale Erhöhung um ein Viertel als fiktiven Zugewinnausgleich. Der überlebende Ehegatte erbt also neben Erben der zweiten Ordnung (zB Eltern/Geschwistern des Verstorbenen) ein Halb, neben Abkömmlingen zu gleichen Teilen, mindestens jedoch ein Viertel.

BEISPIEL: Sind zwei Kinder (Ronja und Klaus) des Erblassers Edwin vorhanden, erben die überlebende Ehefrau Mathilde, Ronja und Klaus zu je einem Drittel, ist nur ein Kind vorhanden, erben beide je zur Hälfte.

Lebten der Erblasser und der überlebende Ehegatte beim Tod bereits in Scheidung (also war das Trennungsjahr bereits abgelaufen und Scheidungsantrag gestellt), entfällt das gesetzliche Erbrecht des Ehegatten.

2. Berliner Testament

Stirbt der Erblasser ohne letztwillige Verfügung ergibt sich häufig eine Erbengemeinschaft aus dem überlebenden Ehegatten und den mit dem erstverstorbenen Ehegatten verwandten Kindern, so dass der Witwer bzw. die Witwe nur zusammen mit den Kindern verfügen kann und zudem die Gefahr besteht, dass ein Kind die Erbauseinandersetzung erzwingt, um seinen Anteil zu erhalten.

Daher bestimmen Eltern in einem Gemeinschaftliches Testament-gemeinschaftlichen Testament oder Erbvertrag häufig, dass sie sich gegenseitig zu Alleinerben einsetzen und der Letztversterbende von den gemeinsamen Kindern als sog „Schlusserben" beerbt wird. Der Vorteil dieser Lösung liegt darin, dass der überlebende Ehegatte sowohl über sein eigenes Vermögen (das vom Erbgang natürlich völlig unberührt bleibt) als auch über das Vermögen des erstverstorbenen Partners (zB dessen Haushälfte) frei verfügen kann, während die Kinder auf die Zeit nach dem Ableben beider Eltern „vertröstet" werden. Allerdings löst die „Enterbung" der Kinder auf den ersten Sterbefall Pflichtteilsansprüche aus, so dass der überlebende Ehegatte die Hälfte des gesetzlichen Erbteils des jeweiligen Kindes in Geld hinauszahlen muss, wenn das Kind diesen Pflichtteilsanspruch binnen drei Jahren nach dem Versterben des ersten Elternteils geltend macht. Um die anderen Kinder nicht schlechter zu stellen, wird daher häufig angeordnet, dass solche den Pflichtteil gegen den Willen des überlebenden Ehegatten fordernde Kinder nach dem Tod des länger lebenden Ehegatten auch nur auf den Pflichtteil gesetzt werden sollen oder aber dass den anderen „braven" Kindern ein Geldvermächtnis in gleicher Höhe ausgesetzt wird, das allerdings erst zeitlich deutlich später oder erst mit dem Ableben des länger lebenden Elternteils fällig wird.

Wichtig ist ferner, genau zu bestimmen, welche Variationsmöglichkeiten der überlebende Ehegatte bezüglich der Schlusserben haben soll. Soll er diesbezüglich überhaupt keine Änderungen mehr vornehmen können, soll er im Kreis der gemeinsamen Abkömmlinge auch die Erbquoten verändern oder Gegenstände abweichend zuordnen können oder soll er (bis zur Grenze des Pflichtteils) völlig frei sein? Diese Fragen gewinnen besondere Brisanz angesichts der Möglichkeit einer Wiederverheiratung des überlebenden Elternteils. Aus Sorge, der zweite Ehegatte könnte einen übergebührlichen Anteil aus dem aus der ersten Ehe stammenden Vermögen erhalten, wird zB häufig bestimmt, dass mit einer neuerlichen Hochzeit der aus der ersten Ehe stammende Grundbesitz an die gemeinschaftlichen Kinder aus der ersten Ehe zu übereignen ist, wobei sich der überlebende Elternteil ein Nießbrauchsrecht auf Lebenszeit unter Tragung aller Lasten vorbehalten kann.

Die Nachteile des „Berliner Testaments" liegen in erbschaftsteuerlicher Hinsicht: Die den Kindern zur Verfügung stehenden Freibeträge werden nicht genutzt.

3. Testamentarische Vormundsbenennung

Ein allein erziehender Elternteil eines aus geschiedener Ehe oder aus nicht ehelicher Beziehung stammenden Kindes wird es in der Regel billigen, dass dieses Kind schon kraft Gesetzes alleiniger Erbe wird.

Zu denken ist jedoch an testamentarische Vormundbenennungen, um zu gewährleisten, dass nach dem Tod nicht etwa der andere Elternteil als Vormund benannt wird. (Solche Bestimmungen kann man jedoch nur treffen, wenn man Inhaber der alleinigen elterlichen Sorge ist, also nicht – wie nunmehr bei Scheidungen als Regelfall vorgesehen – die gemeinsame Sorge bestehen bleibt!)

Tipp

Zusätzlich oder auch unabhängig davon empfiehlt sich die Anordnung einer Dauertestamentsvollstreckung, um zu vermeiden, dass das Kind unmittelbar mit Vollendung seines 18. Lebensjahres in unvernünftiger Weise mit dem Vermögen verfährt.

4. Pflichtteilsrechte

Sofern leibliche Abkömmlinge, der Ehegatte oder – sofern keine Abkömmlinge vorhanden sind – die Eltern durch testamentarische Regelung von der sonst gesetzlich gegebenen Erbfolge ausgeschlossen werden, können sie binnen drei Jahren nach Kenntnis vom Sterbefall den sog „Pflichtteil" verlangen. Der Pflichtteilsanspruch beläuft sich auf die Hälfte des gesetzlichen Erbteils, allerdings nicht gerichtet auf Beteiligung am gesamten Nachlass und damit an jedem einzelnen Nachlassgegenstand, sondern auf deren Abgeltung mittels Geldzahlung. Ein Beispiel soll dies verdeutlichen.

BEISPIEL: Der Ehemann Kurt hat aus nicht ehelicher Beziehung eine Tochter Simone, zu der er nie Kontakt hatte. Aus der späteren Ehe stammt ein gemeinsamer Sohn Sven. Wäre Kurt ohne Testament verstorben, hätte die Ehefrau bei gesetzlichem Güterstand (also Fehlen eines Ehevertrags) die Hälfte und jedes der beiden mit dem Mann verwandten Kinder je ein Viertel geerbt. Der Pflichtteil des nicht ehelichen Kindes beläuft sich also auf ein Achtel des Wertes des Nachlasses, der am Todestag des Vaters vorhanden war.

Ein Verzicht auf den künftigen Pflichtteil vor Eintritt des Erbfalls ist nur durch notarielle Urkunde möglich. Der spätere Erblasser hat jedoch die Möglichkeit, bei lebzeitigen Schenkungen an den künftigen Pflichtteilsberechtigten anzuordnen, dass der Wert der Schenkung anzurechnen sei, falls der Beschenkte später sein Pflichtteilsrecht geltend machen sollte.

8. Kapitel

Kindergeld, Steuerliche Vergünstigungen

Der Gesetzgeber will die Geburt von Kindern fördern. Er tut dies über staatliche Zuwendungen und steuerliche Gestaltungsmöglichkeiten. Die häufigsten werden in den nachfolgenden Abschnitten dargestellt.

1. Kindergeld

Der Staat fördert Familien entweder mit dem Kindergeld oder den Freibeträgen für Kinder (Kinderfreibetrag + Erziehungsfreibetrag).

Gerade bei volljährigen Kindern wird häufig Geld verschenkt, da kein Kindergeldantrag gestellt wird.

Viele Steuervorteile werden nur dann gewährt, wenn Anspruch auf Kindergeld besteht. Dies sind zB:

- Erziehungsfreibetrag
- Steuerermäßigung bei Kirchensteuer und Solidaritätszuschlag
- Entlastungsbetrag für Alleinerziehende
- Ausbildungsfreibetrag
- Sonderausgabenabzug für Schulgeld für den Besuch bestimmter Privatschulen
- Kinderbetreuungskosten als Werbungskosten/Betriebsausgaben
- Altersvorsorge
- Erhöhung der zumutbaren Belastung.

a) Kindergeldberechtigung allgemein

Bei einem minderjährigen Kind reicht allein das Kindschaftsverhältnis für den Anspruch auf Kindergeld. Auf die Staatsangehörigkeit kommt es nicht an.

Als Kind im steuerlichen Sinne zählt ein im ersten Grad verwandtes Kind, dies kann ein leibliches oder ein Adoptivkind sein. Obwohl zu einem Stiefkind kein Verwandtschaftsverhältnis besteht, kann man Kindergeld erhalten, wenn das Kind des Ehepartners im gemeinsamen Haushalt lebt. Der andere leibliche Elternteil muss in diesem Fall auf die Auszahlung gegenüber der Kindergeldkasse verzichten.

Mit dem Ausfüllen der „Anlage Kind" in der Steuererklärung wird sichergestellt, dass die Steuervorteile berücksichtigt werden. Den Ausgleich von Kindergeld und Freibetrag nimmt das Finanzamt nach der sog „Günstigerprüfung" vor. Dabei ermittelt das Finanzamt den Steuervorteil aus den Freibeträgen und vergleicht diesen mit dem ausbezahlten Kindergeld. Ist der Steuervorteil geringer als das Kindergeld, bleibt es beim Kindergeld. Ist der Vorteil höher, wird der Freibetrag im Steuerbescheid berücksichtigt, das Kindergeld wird dann zur tariflichen Einkommensteuer hinzugerechnet.

Bei volljährigen Kindern wird Kindergeld nur gewährt, wenn bestimmte Voraussetzungen vorliegen.

b) Kinder in Schul- oder Berufsausbildung oder im Studium

Für ein über 18 Jahre altes Kind kann bis zur Vollendung des 25. Lebensjahres Kindergeld weiter beantragt werden, solange es sich in einer Berufsausbildung befindet. Unter Berufsausbildung ist die Ausbildung für einen zukünftigen Beruf zu verstehen. Die Ausbildungsmaßnahmen müssen auf ein bestimmtes Berufsziel ausgerichtet sein und notwendige, nützliche oder förderliche Kenntnisse, Fähigkeiten und Erfahrungen für die Ausübung des angestrebten Berufs vermitteln. Zur Berufsausbildung gehören der Besuch allgemein bildender Schulen, die betriebliche Ausbildung, eine weiterführende Ausbildung sowie die Ausbildung für einen weiteren Beruf. Die Kindergeldzahlung endet spätestens mit dem Ende des Schuljahres. Bei Kindern in betrieblicher Ausbildung oder im Studium endet die Zahlung mit dem Monat, in dem das Kind vom Gesamtergebnis der Prüfung offiziell schriftlich unterrichtet worden ist, auch wenn der Ausbildungsvertrag für längere Zeit abgeschlossen war oder das Kind nach der Abschlussprüfung an der (Fach-) Hochschule noch immatrikuliert bleibt.

Wird die Ausbildung wegen Erkrankung oder Mutterschaft nur vorübergehend unterbrochen, wird das Kindergeld grundsätzlich weitergezahlt. Dies gilt jedoch nicht für Unterbrechungszeiten wegen Kindesbetreuung nach Ablauf der Mutterschutzfristen (zB Elternzeit).

Kindergeld wird auch für eine Übergangszeit (Zwangspause) von bis zu vier Kalendermonaten gezahlt (zB zwischen Schulabschluss und Beginn der Berufsausbildung, vor und nach dem Wehr- bzw. Zivildienst, einem entsprechenden Ersatzdienst, wenn sich tatsächlich eine weitere Berufsausbildung anschließt).

Über das 25. Lebensjahr hinaus wird für Kinder in Schul- oder Berufsausbildung oder im Studium Kindergeld gezahlt, wenn sie:

- den gesetzlichen Grundwehrdienst oder Zivildienst geleistet haben.
- sich freiwillig für nicht mehr als drei Jahre zum Wehrdienst verpflichtet haben.
- eine vom Grundwehr- bzw. Zivildienst befreiende Tätigkeit als Entwicklungshelfer ausgeübt haben.

Dies erfolgt jedoch nur längstens für die Dauer des gesetzlichen Grundwehr- bzw. Zivildienstes. Für die Zeit der Ableistung der genannten Dienste selbst steht den Eltern grundsätzlich kein Kindergeld zu.

c) Kinder ohne Arbeitsplatz

Anspruch auf Kindergeld besteht für ein über 18 Jahre altes Kind bis zur Vollendung des 21. Lebensjahres, wenn es nicht in einem Beschäftigungsverhältnis steht und bei einer Agentur für Arbeit im Inland oder einem anderen für Arbeitslosengeld II zuständigen Leistungsträger (Arbeitsgemeinschaft/Kommune) als arbeitssuchend gemeldet ist. Geringfügige Tätigkeiten (Bruttoeinnahmen im Monatsdurchschnitt nicht mehr als 400 EUR) schließen den Kindergeldanspruch nicht aus. Hat das arbeitsuchende Kind vor Vollendung des 21. Lebensjahres den gesetzlichen Grundwehrdienst, Zivildienst oder einen entsprechenden Dienst abgeleistet, wird für diese Verzögerungszeit Kindergeld über das 21. Lebensjahr hinaus weitergezahlt.

d) Kinder ohne Ausbildungsplatz

Für ein über 18 Jahre altes Kind steht bis zur Vollendung des 25. Lebensjahres Kindergeld zu, wenn es eine Berufsausbildung aufnehmen will, aber wegen fehlenden Ausbildungsplatzes nicht beginnen oder fortsetzen kann. Die Berücksichtigung als Kind ohne Ausbildungsplatz setzt voraus, dass trotz ernsthafter Bemühungen die Suche nach einem Ausbildungsplatz zum frühestmöglichen Zeitpunkt bisher erfolglos verlaufen ist.

e) Wegfall des Kindergeldes bei Einkünften und Bezügen eines über 18 Jahre alten Kindes

Selbst wenn ein Kind über 18 Jahre die oben genannten Voraussetzungen erfüllt, wurde kein Kindergeld gezahlt, wenn es Einkünfte und Bezüge, mit denen es seinen Unterhalt oder seine Berufsausbildung bestreiten kann, von mehr als 7.680 EUR im Kalenderjahr hat. Bei Kindern, die ihren Wohnsitz im Ausland haben, wurde der genannte Grenzbetrag gekürzt, soweit dies nach den Verhältnissen im Wohnsitzland des Kindes notwendig und angemessen ist. Dies hat sich zum Januar 2012 geändert, sprich vereinfacht.

Aufgrund des Steuervereinfachungsgesetzes 2011 müssen volljährige Kinder und ihre Eltern für das Kindergeld keine Erklärungen und Belege zum Einkommen der Kinder mehr einreichen. Künftig muss erst nach Abschluss einer ersten Berufsausbildung nachgewiesen werden, dass das Kind neben der Ausbildung nicht mehr als 20 Stunden in der Woche erwerbstätig ist.

Zu den Einkünften zählten insbesondere:

- Ausbildungsvergütungen einschließlich vermögenswirksamer Leistungen, Einnahmen aus einer neben der Ausbildung, während einer Übergangszeit oder in den Schul- bzw. Semesterferien ausgeübten Erwerbstätigkeit sowie einmalige Zuwendungen wie Weihnachtsgeld und Urlaubsgeld; bei Arbeitnehmern ist der Arbeitnehmer-Pauschbetrag von 920 EUR abzuziehen, soweit nicht höhere Werbungskosten geltend gemacht werden,
- Einnahmen aus Kapitalvermögen nach Abzug der Werbungskosten und des Sparer-Pauschbetrages,
- vom Träger gewährte Sachbezüge und Taschengeld während eines freiwilligen sozialen bzw. ökologischen Jahres oder der Teilnahme am Europäischen Freiwilligendienst abzüglich des Arbeitnehmer-Pauschbetrages von 920 EUR,
- Hinterbliebenenbezüge nach beamtenrechtlichen Vorschriften abzüglich des Versorgungsfreibetrages und Zuschlages zum Versorgungsfreibetrag sowie des Werbungskosten-Pauschbetrages in Höhe von 102 EUR.
- Hinterbliebenen- und Erwerbsunfähigkeitsrenten aus der gesetzlichen Rentenversicherung mit ihrem steuerrechtlichen Ertrags- bzw. Besteuerungsanteil abzüglich des Werbungskosten-Pauschbetrages in Höhe von 102 EUR.

Der Arbeitnehmer-Pauschbetrag kann nur einmal abgezogen werden. Sofern höhere Werbungskosten geltend gemacht werden sollen, kann ein spezieller Vordruck bei den Familienkassen angefordert werden.

Zu den Bezügen zählen alle Einnahmen in Geld oder Geldeswert, die nicht zu versteuern sind, sowie pauschal versteuerter Arbeitslohn (im Anhang sind Bezüge ausführlich aufgelistet).

Von der Summe der Bezüge ist eine Kostenpauschale von 180 EUR pro Kalenderjahr abzuziehen. Es können ggf. auch höhere Aufwendungen abgezogen werden, wenn sie in unmittelbarem Zusammenhang mit den Bezügen stehen.

Das Bundesverfassungsgericht hat entschieden, dass sich die Einkünfte und Bezüge des Kindes um Beträge mindern, die dem Kind nicht frei für seinen Unterhalt zur Verfügung stehen (vgl. Anhang Bezüge und Abzüge beim Kind).

Die Summe der Einkünfte und Bezüge des Kindes ist um den Arbeitnehmer-Pflichtbeitrag zur gesetzlichen Sozialversicherung bzw. die freiwilligen Beiträge zu einer gesetzlichen Krankenversicherung oder Beiträge zu einer privaten Krankenversicherung zu kürzen, soweit diese durch die (Mindest-) Vorsorge entstehen und dadurch unvermeidbar sind. Ebenfalls abzugsfähig sind die auf die Pflegeversicherung entfallenden Beträge sowie die besonderen Ausbildungskosten (ausbildungsbedingter Mehrbedarf). Besondere Ausbildungskosten sind Aufwendungen, die bei einem Arbeitnehmer steuerlich als Werbungskosten zu berücksichtigen wären. Nicht zu berücksichtigen sind Kosten für Miete und Verpflegung, weil diese bereits im Jahresgrenzbetrag enthalten sind.

Fließen dem Kind mehrere Einkünfte und Bezüge zu, werden sie zusammengerechnet. Erhält das Kind Sachleistungen (zB Verpflegung und Unterkunft), sind diese nach der Sozialversicherungsentgeltverordnung mit den dort genannten Geldwerten anzusetzen. Bei der Feststellung der maßgebenden Einkünfte und Bezüge ist grundsätzlich auf das gesamte Kalenderjahr abzustellen. Negative Einkünfte mindern positive Bezüge.

Überschreiten die Einkünfte und Bezüge des Kindes nach Abzug der vorgehend genannten Aufwendungen den maßgeblichen Jahresgrenzbetrag von 7.680 EUR, entfällt der Kindergeldanspruch für dieses Kind für das gesamte Kalenderjahr, und zwar auch dann, wenn Weihnachtsgeld, vermögenswirksame Leistungen oder eine (tarifvertragliche) Erhöhung der Ausbildungsvergütung zum Überschreiten des Jahresgrenzbetrages geführt haben. Bereits gezahltes Kindergeld muss dann zurückgezahlt werden.

Beachte:

Ein Verzicht auf zB Weihnachtsgeld, um den Kindergeldanspruch zu behalten, ist nicht möglich.

Besteht für ein über 18 Jahre altes Kind nur für einen Teil des Jahres Anspruch auf Kindergeld (zB weil das Kind im Laufe des Jahres seine Berufsausbildung beendet), verringert sich der Grenzbetrag um jeweils ein Zwölftel für jeden Kalendermonat, in dem das Kind an keinem Tag eine der genannten besonderen Voraussetzungen erfüllt. Die Einkünfte und Bezüge des Kindes sind nur insoweit zu berücksichtigen als sie auf die Zeiten entfallen, in denen das Kind die genannten Voraussetzungen erfüllt.

f) Höhe des Kindergeldes

Kindergeld wird monatlich in folgender Höhe gezahlt:

	1. Kind	2. Kind	3. Kind	4. Kind usw.
seit 2010	184 EUR	184 EUR	190 EUR	215 EUR

Welches Kind bei einem Berechtigten erstes, zweites, drittes oder weiteres Kind ist, richtet sich nach der Reihenfolge der Geburten. Das älteste Kind ist stets das erste Kind. In der Reihenfolge der Kinder zählen als „Zählkinder" auch diejenigen Kinder mit, für die der Berechtigte kein Kindergeld erhalten kann, weil es einem anderen Elternteil vorrangig zusteht. Kinder, für die überhaupt kein Kindergeldanspruch mehr besteht, zählen in der Reihenfolge nicht mit.

g) Kindergeldbezug bei mehreren Anspruchsberechtigten

Für ein und dasselbe Kind kann immer nur eine Person Kindergeld erhalten. Es wird dem Elternteil gezahlt, der das Kind in seinen Haushalt aufgenommen hat. Lebt das Kind nicht im Haushalt eines Elternteils, erhält das Kindergeld derjenige Elternteil, der dem Kind laufend (den höheren) Barunterhalt zahlt. Andere Unterhaltsleistungen bleiben außer Betracht. Wird dem Kind von beiden Elternteilen kein Barunterhalt oder Barunterhalt in gleicher Höhe gezahlt, können die Eltern untereinander bestimmen, wer von ihnen das Kindergeld erhalten soll. Eltern, die nicht dauernd getrennt leben, können untereinander durch eine Berechtigtenbestimmung festlegen, wer von ihnen das Kindergeld für ihre im gemeinsamen Haushalt lebenden Kinder erhalten soll. Dies gilt ebenso für den leiblichen und den nicht leiblichen Elternteil, etwa wenn das Kind im gemeinsamen Haushalt der Mutter und des Stiefvaters lebt. Von dieser Möglichkeit können auch nicht dauernd getrennt lebende Pflegeeltern bzw. Großeltern Gebrauch machen. Für die Berechtigtenbestimmung kann die hierfür vorgesehene Erklärung am Schluss des Antragsvordrucks verwendet werden. Es reicht dann aus, wenn der andere Elternteil dort unterschreibt. Die Berechtigtenbestimmung bleibt wirksam, so lange sie nicht widerrufen wird. Der Widerruf ist jederzeit möglich, allerdings nur für die Zukunft.

Wenn mangels Einigung keine Berechtigtenbestimmung getroffen wird, muss das Amtsgericht als Vormundschaftsgericht auf Antrag den vorrangig Kindergeldberechtigten festlegen. Den Antrag kann stellen, wer ein berechtigtes Interesse an der Zahlung des Kindergeldes hat.

2. Kinderfreibetrag

Die Freibeträge für Kinder (Kinderfreibetrag + Erziehungsfreibetrag) wirken sich nicht auf den monatlichen Lohnsteuerabzug aus, da stattdessen das Kindergeld bezahlt wird.

Die Kinder werden jedoch auf der Lohnsteuerkarte eingetragen, da die Freibeträge die monatliche Kirchensteuer und den Solidaritätszuschlag mildern.

Hinsichtlich des Anspruchs auf die Freibeträge gelten die gleichen Voraussetzungen wie beim Anspruch auf Kindergeld.

Auch die Freibeträge gibt es nur für die Monate, in denen die Anspruchsvoraussetzungen wenigstens an einem Tag erfüllt sind.

Der Kinderfreibetrag beträgt aktuell EUR 7.008

Bei den Freibeträgen gilt grundsätzlich das Halbteilungsprinzip.

Nach der Trennung oder Scheidung stehen jedem Elternteil für ein gemeinsames Kind grundsätzlich die halben Freibeträge zu. Allerdings kann der Erziehungsfreibetrag von einem Elternteil auf den anderen übertragen werden. Beim Kinderfreibetrag geht dies nur in Ausnahmefällen, zB kann sich der betreuende Elternteil den Kinderfreibetrag übertragen lassen, wenn der andere Elternteil seiner Unterhaltspflicht nicht nachkommt.

3. Kinderzuschlag

Gering verdienende Eltern können einen Zuschlag zum Kindergeld erhalten – den Kinderzuschlag. Diesen Zuschlag erhalten Eltern, die mit ihren unter 25 Jahre alten und unverheirateten Kindern in einem gemeinsamen Haushalt leben und über Einkommen und Vermögen verfügen, das es ihnen ermöglicht, zwar ihren eigenen Lebensunterhalt, nicht aber den ihrer unter 25 Jahre alten, unverheirateten Kinder zu decken.

Der Kinderzuschlag beträgt bis zu 140 EUR monatlich pro Kind. Personen mit Anspruch auf Sozialhilfe bzw. auf Arbeitslosengeld II steht der Kinderzuschlag nicht zu.

Der Anspruch auf Kinderzuschlag entfällt, wenn das Elterneinkommen den gesamten Familienbedarf deckt oder wenn die Familie auch mit Kinderzuschlag noch auf eine ergänzende Zahlung von Arbeitslosengeld II angewiesen wäre. Der Zuschlag wird für minderjährige, im Haushalt der Eltern lebende Kinder für die Dauer von maximal 36 Monaten gezahlt. Er muss bei der Familienkasse der Agentur für Arbeit beantragt werden und wird mit dem Kindergeld ausgezahlt. Zusammen mit dem Kindergeld von monatlich 154 EUR und ggf. zusätzlichem Wohngeld deckt er den durchschnittlichen Bedarf eines Kindes.

4. Entlastungsbetrag für Alleinerziehende

Der Gesetzgeber will allein erziehende Eltern finanziell unterstützen. Er gewährt daher einen Entlastungsbetrag für Alleinerziehende in Höhe von 1.308 EUR.

Diesen erhalten Eltern, die ihr Kind tatsächlich allein erziehen. Unverheiratete Eltern, die zusammen leben oder ein Elternteil, der mit einem neuen Partner zusammen wohnt, erhält diese Vergünstigung somit nicht. Die Finanzverwaltung geht beim Zusammenleben mit einer volljährigen Person rigide von einer Haushaltsgemeinschaft aus, also auch, wenn der allein erziehende Elternteil mit seinen Geschwistern zusammen lebt. Ferner wird der Vorteil nicht gewährt, wenn die verheirateten Eltern zwar getrennt leben, im Jahr der Trennung aber noch steuerlich gemeinsam veranlagen.

5. Ausbildungsfreibetrag für ein Kind ab 18 Jahren

Für ein volljähriges Kind wird ein „Freibetrag zur Abgeltung eines Sonderbedarfs bei Berufsausbildung“, der sog Ausbildungsfreibetrag in Höhe von 924 EUR pro Jahr gewährt, wenn für das Kind ein Anspruch auf Kindergeld besteht, das volljährige Kind sich in Berufsausbildung befindet und hierfür auswärtig untergebracht ist.

Dies ist zB der Fall, wenn:

- das Kind in einem Internat oder Heim lebt
- das Kind bei Verwandten wohnt
- das Kind in einer eigenen Wohnung lebt, auch wenn sich diese im gleichen Haus befindet.

Erzielt das Kind eigene Einkünfte, die den Betrag von 1.848 EUR im Jahr übersteigen, reduziert sich der Ausbildungsfreibetrag.

6. Schulgeld für eine Privatschule

Schulgeld für eine private Schule kann in Höhe von 30 % der Aufwendungen als Sonderausgaben berücksichtigt werden, wenn für das Kind ein Anspruch auf Kindergeld oder Kinderfreibetrag besteht, es eine Privatschule besucht und diese zu den begünstigten Schulen zählt. Für inländische Schulen ist dies in § 10 Abs. 1 Nr. 9 EStG geregelt. Eine Liste der von der Kultusministerkonferenz anerkannten deutschen Auslandsschulen ist im Internet unter www.kmk.org abrufbar. Geltend gemacht werden können Aufwendungen, die die Schule für den normalen Schulbetrieb in Rechnung stellt, also Lehrmittel, Personalkosten etc, nicht jedoch Kosten für Unterbringung und Verpflegung.

9. Kapitel

Elternzeit, Elterngeld

1. Elternzeit

Die Elternzeit gibt Arbeitnehmerinnen und Arbeitnehmern die Möglichkeit, sich ihrem Kind zu widmen und gleichzeitig den Kontakt zum Beruf aufrechtzuerhalten. Durch den Rechtsanspruch auf Teilzeitarbeit erhalten verstärkt auch Väter die Chance, sich an der Erziehung ihres Kindes zu beteiligen.

Die Neuregelungen zur Elternzeit, die zum 1.1.2007 im Rahmen des Bundeselterngeld- und Elternzeitgesetzes (BEEG) in Kraft getreten sind, gelten für Geburten ab dem 1. 1. 2007 und darüber hinaus für alle Eltern, deren Kinder vor dem 1. 1. 2007 geboren wurden bzw. die sich zu diesem Zeitpunkt bereits in Elternzeit befanden.

Einen Anspruch auf Elternzeit haben Mütter und Väter, die in einem Arbeitsverhältnis stehen.

Arbeitnehmerinnen und Arbeitnehmer können Elternzeit geltend machen zur Betreuung:

- ihres Kindes (bei fehlender Sorgeberechtigung mit Zustimmung des sorgeberechtigten Elternteils)
- des Kindes eines Vaters, der noch nicht wirksam als Vater anerkannt worden ist oder über dessen Antrag auf Vaterschaftsfeststellung noch nicht entschieden wurde, mit Zustimmung der sorgeberechtigten Mutter

- eines Kindes des Ehegatten, der Ehegattin oder des eingetragenen Lebenspartners, der eingetragenen Lebenspartnerin mit Zustimmung des sorgeberechtigten Elternteils
- eines Kindes, das sie in Vollzeitpflege aufgenommen haben, mit Zustimmung des sorgeberechtigten Elternteils
- eines Kindes, das sie mit dem Ziel der Annahme aufgenommen haben
- eines Enkelkindes, Bruders, Neffen oder einer Schwester oder Nichte bei schwerer Krankheit, Schwerbehinderung oder Tod der Eltern.

Für den Anspruch auf Elternzeit gelten die folgenden Voraussetzungen:

- Das Kind lebt mit im selben Haushalt
- Überwiegende Erziehung und Betreuung
- Wochenarbeitszeit während der Elternzeit nicht mehr als 30 Wochenstunden.

Der Anspruch auf Elternzeit besteht unabhängig vom Wohnsitz oder gewöhnlichen Aufenthalt des Anspruchsberechtigten, sofern das bestehende Arbeitsverhältnis deutschem Arbeitsrecht unterliegt.

Sind beide Eltern erwerbstätig, steht es ihnen frei, wer von ihnen Elternzeit nimmt und für welche Zeiträume. Jedem Elternteil stehen drei Jahre Elternzeit zu – unabhängig davon, wie der Partner die Elternzeit nutzt. Die Elternzeit kann ganz oder teilweise von einem Elternteil allein in Anspruch genommen werden. Die Eltern können die Elternzeit aber auch untereinander aufteilen und sich bei der Elternzeit abwechseln. Wenn die Eltern wollen, können sie Anteile der Elternzeit oder aber die gesamte dreijährige Elternzeit vollständig gemeinsam nutzen (also nicht etwa nur gemeinsame 1½ Jahre).

Die Elternzeit darf auch bei gemeinsamer Nutzung pro Elternteil in zwei Zeitabschnitte verteilt werden. Eine weitere Aufteilung ist nur mit Zustimmung des Arbeitgebers möglich.

Mütter und Väter haben je einen Anspruch auf Elternzeit bis zur Vollendung des dritten Lebensjahres des Kindes. Ein Anteil von bis zu zwölf Monaten der maximal dreijährigen Elternzeit kann auch auf die Zeit bis zum achten Geburtstag des Kindes übertragen werden, wenn die Arbeitgeberseite zustimmt. Die Elternzeit kann von jedem Elternteil in zwei Zeitabschnitte aufgeteilt werden. Eine weitere Aufteilung ist mit Zustimmung der Arbeitgeberseite möglich.

Die Elternteile können den Beginn ihrer Elternzeit jeweils frei wählen. Die Mutterschutzfrist wird aber grundsätzlich auf die mögliche dreijährige Gesamtdauer der Elternzeit der Mutter angerechnet. Die Elternzeit des Vaters kann nach der Geburt des Kindes bereits während der Mutterschutzfrist für die Mutter beginnen.

Möchten sich die Eltern in der Elternzeit abwechseln, gilt Folgendes:

Die Mutter möchte während des ersten und dritten Lebensjahres des Kindes, der Vater für das zweite Lebensjahr Elternzeit nehmen. In diesem Fall muss die Mutter die Elternzeit für das erste Jahr sieben Wochen vor Ablauf der Mutterschutzfrist beantragen, die Elternzeit für das dritte Lebensjahr muss sie aber erst sieben Wochen vor deren Beginn verbindlich festlegen. Der Vater muss in diesem Fall seine Elternzeit auch erst sieben Wochen vor ihrem Beginn schriftlich verlangen.

2. Elterngeld

Ein Anspruch auf Elterngeld besteht für nach dem 1.1.2007 geborene oder zur Adoption aufgenommene Kinder, somit für leibliche Kinder, Adoptivkinder, Stiefkinder oder Kinder des eingetragenen gleichgeschlechtlichen Lebenspartners, wenn das Kind im gemeinsamen Haushalt lebt.

Weitere Voraussetzung ist, dass der betreuende Elternteil/Stiefelternteil gar nicht oder nicht mehr als 30 Wochenstunden arbeitet.

Die Eltern können wählen, welcher Elternteil wie lange Elterngeld erhalten soll. Die Förderung besteht jedoch längstens vom Tag der Geburt bis zur Vollendung des 14. Lebensmonats des Kindes. Ein Elternteil erhält die Förderung jedoch höchstens zwölf Monate.

Wollen die Eltern somit die vollen vierzehn Monate ausschöpfen, muss der andere Elternteil mindestens zwei Monate Elterngeld in Anspruch nehmen.

Ab 2009 gilt eine Mindestbezugszeit von zwei Monaten. Jeder Elternteil, der sich dann um die Kindererziehung kümmert, muss also mindestens zwei Monate seine Berufstätigkeit beenden oder einschränken. Bislang erfüllten berufstätige Mütter diese Bedingung oft schon durch den Mutterschutz, so dass es den Vätern freistand, beispielsweise nur einen Monat in Elternzeit zu gehen. Die Neuregelung bindet die Väter stärker mit ein.

Tipp:

Elterngeld wird rückwirkend nur für drei Monate bezahlt. Damit also keine Ansprüche verloren gehen, muss der Antrag spätestens drei Monate nach der Geburt bzw. bei der Aufnahme des Adoptivkindes bei der Elterngeldstelle eingegangen sein.

Nur in Ausnahmefällen kann ein Elternteil allein die vollen vierzehn Monate Elterngeld erhalten. Dies ist dann möglich, wenn diesem Elternteil die elterliche Sorge allein zusteht und der andere Elternteil weder mit ihm noch mit dem Kind in einer Wohnung lebt oder die Betreuung des Kindes durch den anderen Elternteil unmöglich ist, zB wegen Tod, schwerer Krankheit oder Freiheitsentzug. Weitere Voraussetzung ist, dass vor der Geburt eine Erwerbstätigkeit ausgeübt wurde und diese entweder ganz aufgegeben oder auf maximal 30 Stunden reduziert wird.

Das Elterngeld kann auch als „halbes Elterngeld“ auf 24 bzw. 28 Monate gestreckt werden. Die monatliche Zahlung reduziert sich dann um die Hälfte.

Das Elterngeld betrug bis 31.12.2012 pro Monat 67% der Einkommenseinbuße, mindestens jedoch 300 EUR und maximal 1.800 EUR. Lag das Einkommen vor der Geburt unter 1.000 EUR galt ein höherer Prozentsatz.

Zum 1.1.2013 wurde die Berechnung des Elterngeldes geändert.

Das Elterngeld beträgt nun nur noch 65% vom Nettolohn und maximal 1.800 EUR im Monat. Neu ist nur, wie das Elterngeld berechnet wird.

Die Elterngeld-Kürzung kommt durch die Art und Weise zustande, wie das Nettogehalt berechnet wird. Zum einen wird die Obergrenze für die Beiträge zur Krankenversicherung nicht berücksichtigt. Das heißt, Gutverdienern unterstellt man bei der Berechnung des Elterngeldes höhere Beitragszahlungen, als sie real geleistet haben. Das drückt das Nettogehalt und sorgt für ein niedrigeres Elterngeld. Ferner erfasst die Berechnung des Elterngeldes zwischenzeitliche Steuersenkungen nicht. Es wird die Steuerlast vom Beginn des vergangenen Jahres angenommen. Die Anhebung des Grundfreibetrages in diesem Jahr wird also nicht berücksichtigt. Auch das sorgt wieder für höhere Abzüge vom Brutto und weniger Elterngeld.

Für die Berechnung der Einkommenseinbuße wird das Durchschnittseinkommen der letzten zwölf Monate vor der Geburt zu Grunde gelegt.

Tipp

Da für die Berechnung des letzten Einkommens das Nettoeinkommen herangezogen wird, sollten Ehepaare die Möglichkeit einer günstigen Lohnsteuerklassenwahl nutzen. Hatte also vorher ein Elternteil die ungünstige Steuerklasse V, so empfiehlt sich ggf. der Wechsel beider Eheleute in Steuerklasse IV, um das Nettoeinkommen des künftig die Kinder betreuenden Elternteils zu erhöhen.

Ab 2009 werden viele junge Männer, die Wehr- und Zivildienst leisten oder geleistet haben, besser gestellt. Hatten sie vor dem Dienst ein eigenes Einkommen, wird dieses zur Berechnung des Elterngeldes herangezogen, die Wehr- oder Zivildienstzeiten werden zu ihren Gunsten nicht berücksichtigt.

Elterngeld muss schriftlich beantragt werden. Es müssen folgende Unterlagen eingereicht werden:

- Nachweise zum Nettoeinkommen
- Geburtsurkunde des Kindes

- Bescheinigung über Mutterschaftsgeld der Krankenkasse
- Bescheinigung des Arbeitgeberzuschusses zum Mutterschaftsgeld
- Bescheinigung des Dienstherrn über die Weitergewährung von Dienstbezügen während der Mutterschutzfrist bei Beamten
- Arbeitszeitbestätigung des Arbeitgebers, falls nach der Geburt eine Teilzeittätigkeit ausgeübt wird
- Erklärung über die Arbeitszeit bei Selbstständigen.

10. Kapitel

Krankenversicherung

Ohne nähere Begrenzung werden Kinder bis zur Vollendung des 18. Lebensjahres in der Familienversicherung als anspruchsberechtigt berücksichtigt.

Kinder sind bis zur Vollendung des 23. Lebensjahres versichert, wenn sie nicht erwerbstätig sind. Bis zur Vollendung des 25. Lebensjahres werden Kinder als Familienangehörige berücksichtigt, wenn sie sich in Schul- oder Berufsausbildung befinden.

Ein besonderer Ausschlusstatbestand besteht, wenn der mit den Kindern verwandte Ehegatte oder Lebenspartner des Mitglieds nicht Mitglied einer Krankenkasse ist und sein Gesamteinkommen regelmäßig im Monat ein Zwölftel der Jahresarbeitsentgeltgrenze[18] übersteigt und regelmäßig höher als das Gesamteinkommen des Mitglieds ist. Bei Renten wird der Zahlbetrag berücksichtigt.

Dieser Ausschluss gilt auch dann, wenn die verheirateten Eltern getrennt leben. Dies ist nicht verfassungswidrig.

11. Kapitel

Kosten

1. Gerichts- und Rechtsanwaltskosten[19]

Die Gebühren bemessen sich in der Regel nach dem Wert, den der Gegenstand des Verfahrens oder der anwaltlichen Tätigkeit hat (Gegenstandswert).

Die Höhe der Gerichtskosten regelt das Gerichtskostengesetz (GKG).

Für ein Verfahren mit Urteil fallen in der Regel drei Gebühren an.

Wird mit dem Rechtsanwalt keine Honorarvereinbarung geschlossen, regelt das Rechtsanwaltsvergütungsgesetz (RVG) die Höhe der Gebühren.

Zunächst wird anhand des sog Gegenstandswertes die Höhe der Einzelgebühr ermittelt.

Der Gegenstandswert bemisst sich bei Forderungen an der Höhe der Forderung.

BEISPIEL: Für ein minderjähriges Kind wird ein monatlicher Unterhalt von 199 EUR gefordert. Den Gegenstandswert bildet der Jahresbetrag, somit 2.388 EUR.

Für Streitigkeiten über Umgang oder elterliche Sorge hat das Gesetz den generellen Streitwert auf 3.000 EUR festgelegt.

Vom Umfang und der Art der Tätigkeit hängt es dann ab, welche Gebühren anfallen und mit welchem Faktor der Anwalt diese in Rechnung stellen kann.

Bei außergerichtlicher Tätigkeit (also nicht nur Beratung) kann der Anwalt eine Geschäftsgebühr zu einem Gebührensatz zwischen 0,5 und 2,5[20] erheben.

BEISPIEL: Der Anwalt korrespondiert mit der Gegenseite über Kindesunterhalt, errechnet anhand von Unterlagen die Höhe der Forderung.

Dabei darf er aber eine Gebühr von mehr als 1,3 (Mittelwert) nur fordern, wenn die Tätigkeit umfangreich oder schwierig war. Sollte sich der Auftrag auf ein Schreiben einfacher Art beschränken, beträgt die Geschäftsgebühr sogar nur 0,3.

Im gerichtlichen Verfahren können für den Rechtsanwalt nebeneinander anfallen:

- Verfahrensgebühr für das Betreiben des Verfahrens einschließlich der Information, Gebührensatz: 1,3
- Terminsgebühr für die Vertretung in einem Verhandlungs-, Erörterungs- oder Beweisaufnahmetermin, Gebührensatz: 1,2
- Einigungsgebühr für die Mitwirkung beim Abschluss eines Vertrages, durch den der Streit beendet wird (zB Vergleich), Gebührensatz: 1,0 oder 1,5.

Die genannten Gebühren können sich im Einzelfall erhöhen (im Berufungs- und Revisionsverfahren) oder ermäßigen (zB bei vorzeitiger Beendigung).

Die Gebühren honorieren die gesamte Tätigkeit in einer Instanz, können also nur je einmal anfallen.

Die Rechtsanwaltsgebühren hat immer der Auftraggeber zu zahlen – unabhängig von der Kostenentscheidung des Gerichts. Der Mandant kann aber aufgrund der Kostenentscheidung des Gerichts einen Kostenerstattungsanspruch gegen den Prozessgegner haben. Nur wenn Prozesskostenhilfe[21] bewilligt wurde, kann der beigeordnete Anwalt seine Kosten nicht vom Mandanten einfordern. Er erhält stattdessen einen Anspruch gegen die Bundes- oder Landeskasse.

Neben den Gebühren erhält der Rechtsanwalt seine Auslagen ersetzt.

Die genannten Gebührenregelungen gelten nicht für die allein beratende Tätigkeit des Anwalts. Dafür soll der Anwalt eine Gebührenvereinbarung mit dem Mandanten treffen, es bestehen nur gesetzliche Höchstgrenzen für Verbraucher von 190 EUR für die Erstberatung und 250 EUR für jede weitere Beratung.

Grundsätzlich sind auch in allen anderen Fällen Gebührenvereinbarungen (Honorarvereinbarung) möglich. Meistens wird dabei die Anwaltsvergütung pauschal oder nach Zeitaufwand berechnet. Bei Vereinbarungen über Gebühren bei einem gerichtlich anhängigen Verfahren darf der Gebührensatz des RVG nicht unterschritten werden.

2. Prozesskostenhilfe

Wer nach seinen persönlichen und wirtschaftlichen Verhältnissen nicht in der Lage ist, die Kosten der Prozessführung ganz oder zum Teil aufzubringen, kann als besondere Form der Sozialhilfe auf Antrag Prozesskostenhilfe bewilligt bekommen, wenn die beabsichtigte Rechtsverfolgung Aussicht auf Erfolg hat.

Je nach den wirtschaftlichen Verhältnissen kann die Prozesskostenhilfe in Form einer Ratenzahlungsverpflichtung oder völlig kostenfrei bewilligt werden.

Um festzustellen, ob ein Anspruch auf Prozesskostenhilfe besteht, ist wie folgt vorzugehen:

Ausgangspunkt ist das monatliche Nettoeinkommen. Hiervon sind weiter abzuziehen:

- ein Freibetrag für den Antragsteller, seinen Ehegatten oder Lebenspartner von zur Zeit 452 EUR
- für Erwerbstätige ein weiterer „Bonus“ von zur Zeit 206 EUR
- für jedes unterhaltsberechtigte Kind ohne eigenes Einkommen nach Alter gestaffelt; 0–6 EUR 263, 7–14 EUR 299, 15–18 EUR 341

- die Fahrtkosten zur Arbeitsstelle in tatsächlicher Höhe
- Kosten für die Unterkunft und Heizung
- Versicherungsbeiträge (Lebensversicherung, Kfz-Versicherung etc) in angemessenem Umfang
- Kreditverbindlichkeiten und andere besondere Belastungen in angemessener Höhe.

Der verbleibende Betrag ist auf volle Euro abzurunden. Er ist das einzusetzende Einkommen. Ob und in welcher Höhe Raten zu zahlen sind, ergibt sich aus nachfolgendem Text:

Das bisherige Recht sah in § 115 Abs. 2 ZPO a.F. vor, dass je nach der Höhe des errechneten einzusetzenden Einkommens eine bestimmte Monatsrate für höchstens 48 Monate von der bedürftigen Partei aufzubringen war. Von dieser Ratentabelle verabschiedet sich der Gesetzgeber nun. Die neue Rate ist die Hälfte des einzusetzenden Vermögens, es sei denn es übersteigt 600 EUR.

Im Wortlaut: § 115 Abs. 2 ZPO n.F.

> (2) Von dem nach den Abzügen verbleibenden Teil des monatlichen Einkommens (einzusetzendes Einkommen) sind Monatsraten in Höhe der Hälfte des einzusetzenden Einkommens festzusetzen; die Monatsraten sind auf volle EUR abzurunden. Beträgt die Höhe einer Monatsrate weniger als 10 EUR, ist von der Festsetzung von Monatsraten abzusehen. Bei einem einzusetzenden Einkommen von mehr als 600 EUR beträgt die Monatsrate 300 EUR zuzüglich des Teils des einzusetzenden Einkommens, der 600 EUR übersteigt. Unabhängig von der Zahl der Rechtszüge sind höchstens 48 Monatsraten aufzubringen.

Es sind maximal 48 Monatsraten zu zahlen.

Prozesskostenhilfe wird nicht bewilligt, wenn die Kosten der Prozessführung vier Monatsraten nicht übersteigen.

Soweit dies zumutbar ist, kann das Gericht anordnen, dass Vermögen (Sparbücher, Wertpapiere etc) zur Bestreitung der Prozesskosten einzusetzen ist.

Die Bewilligung von Prozesskostenhilfe hat zur Folge, dass die Gerichtskosten und die Kosten des eigenen Rechtsanwalts von der Staatskasse getragen werden.

Beachte

Nicht von der Prozesskostenhilfe gedeckt sind die Kosten des gegnerischen Rechtsanwaltes. Unterliegt man also in einem gerichtlichen Verfahren, so sind die Kosten des gegnerischen Anwalts von dem Verlierer auch dann zu tragen, wenn ihm Prozesskostenhilfe bewilligt worden war.

3. Beratungshilfe

Beratungshilfe wird für die außergerichtliche Rechtsberatung und -vertretung auf der Grundlage des Beratungshilfegesetz (BerHG) gewährt.

Mit ihr können Rechtsanwaltskosten in bestimmten Fällen für besonders einkommensschwache Personen übernommen werden. Die Voraussetzungen sind in aller Regel erfüllt, wenn Anspruch auf Sozialhilfe, Arbeitslosengeld II oder auf Leistungen nach dem Asylbewerberleistungsgesetz besteht. In diesen Fällen genügt zum Nachweis eines geringen Einkommens der entsprechende Bescheid. Die Beratungshilfe deckt nicht die Anwalts- und Gerichtskosten für ein Gerichtsverfahren ab. Hier kommt ggf. Prozesskostenhilfe[22] in Frage.

Die Beratungshilfe kann bei dem zuständigen Amtsgericht beantragt werden. Den Antrag auf Beratungshilfe kann auch der beauftragte Rechtsanwalt stellen. Es ist ratsam, den Beratungshilfeschein selbst bei dem zuständigen Amtsgericht des Wohnsitzes zu beantragen und anschließend einen Anwalt zu beauftragen, damit vor Auftragserteilung die Kostenübernahme geklärt ist.

Folgende Unterlagen müssen bei Antragsstellung (vollständig und aktuell) vorliegen:

- Unterlagen, aus denen sich die Angelegenheit, für die Beratungshilfe beantragt wird, ergibt (Schriftwechsel etc)
- Belege über laufendes Einkommen (Lohnabrechnungen, Renten-, Arbeitslosengeld- oder sonstige Bescheide)

- Zahlungsbelege/Kontoauszüge zu laufenden Ausgaben (Miete, Nebenkosten, Strom, Versicherungen etc)
- Unterlagen, aus denen sich der Wert vorhandener Vermögenswerte ergibt (Sparbuch, Lebensversicherung etc)
- Personalausweis oder Reisepass.

Die Rechtsberatung wird in erster Linie durch Rechtsanwälte gewährt, diese sind per Gesetz dazu verpflichtet, hilfesuchende Personen mit Beratungshilfeschein als Mandanten anzunehmen. In einigen Bundesländern gibt es auch spezielle Rechtsberatungsstellen, welche Rechtsrat erteilen. Oft erhält man beim Amtsgericht schon Auskünfte und Hinweise auf spezielle Beratungsstellen, die in Anspruch genommen werden können.

Beratungshilfe gibt es für die Beratung und für die Vertretung durch den Rechtsanwalt. Der Unterschied liegt darin, dass bei einer Vertretung auch ein Auftreten des Rechtsanwalts nach außen erfolgt, sei es durch einen Brief oder ein Telefonat. Bei der Beratung geht es allein um Informationserteilung und Ratschläge des Anwalts.

Der beauftragte Rechtsanwalt kann von seinem Mandanten eine Gebühr von 10,– EUR verlangen. Er erhält darüber hinaus von der Staatskasse im Falle der Erstberatung weitere 30,– EUR und im Falle der Vertretung eine Geschäftsgebühr in Höhe von 70,– EUR, jeweils zzgl. Auslagenpauschale und Umsatzsteuer. Berät und vertritt der Anwalt in derselben Sache, ist die Beratungsgebühr voll anzurechnen, so dass der Anwalt von der Staatskasse nur die Geschäftsgebühr in Höhe von 70,– EUR erhält. Die Gebühren, die der Rechtsanwalt in Beratungshilfemandaten erhält, sind wesentlich geringer als in regulär abgerechneten Mandaten, da der Beratungshilfesatz unter der Vergütung nach dem RVG liegt. Honorarvereinbarungen neben der Beratungshilfe oder anstatt derselben sind nicht zulässig.

4. Rechtschutzversicherung

Die meisten Rechtschutzversicherungen enthalten einen Ausschluss für Streitigkeiten auf dem Gebiet des Erb- und Familienrechts. In diesen Fällen ist häufig nur ein Beratungsrechtschutz enthalten.

Beratungsrechtschutz besteht nur dann, wenn ein Ereignis eingetreten ist, durch das sich die familien- oder erbrechtliche Rechtslage des Versicherungsnehmers geändert hat. Er besteht daher nicht vor „vorbeugende" Beratung. Fälle für den Eintritt eines solchen Ereignisses sind zB die Geburt eines Kindes, für das eine Unterhaltspflicht besteht.

Anhang

1. Statistik

a) Ehescheidungen[23]

Seit in Deutschland Ehen geschieden werden, nimmt die Zahl der Ehescheidungen – von wenigen kurzen Unterbrechungen abgesehen – stetig zu. Gegenwärtig wird jede dritte Ehe geschieden. Damit nähert sich Deutschland den Ländern mit den höchsten Scheidungsraten in Europa, wie zB Schweden, wo schon seit 20 Jahren etwa die Hälfte aller Ehen geschieden wird.

Von den Menschen, die im Jahre 1980 geheiratet haben, sind im Jahre 2006, also nach 26 Jahren, 34% geschieden. Für die jüngeren Heiratsjahrgänge nach 1995 ist sogar – wenn sich die Entwicklung fortsetzt – ein Anstieg der Scheidungshäufigkeit auf 40% möglich.

Betrachtet man den Verlauf der Ehescheidungsziffern nach Kalenderjahren, so ist ein ansteigender Trend mit zwei großen Unterbrechungen zu erkennen. Die erste Unterbrechung ist 1976/77 in Westdeutschland eingetreten, und zwar durch die Umstellung des Scheidungsrechts vom Schuld- auf das Zerrüttungsprinzip mit der Einführung des Trennungsjahres. Die zweite Unterbrechung gab es 1991 in den neuen Bundesländern, als die Einführung des neuen Scheidungsrechts und des Trennungsjahres vorübergehend zu Zeitverzögerungen bei der Auflösung von Ehen führte. In den Jahren

2005 und 2006 ist die Zahl der Ehescheidungen etwas zurückgegangen. Die zusammengefasste Ehescheidungsziffer 2004 (berechnet bis zu einer Ehedauer von 45 Jahren) betrug in Deutschland 46,3%. Bis 2006 hat sich ein Rückgang auf 42,2% eingestellt.

Das Scheidungsrisiko schwankt stark in Abhängigkeit von der Dauer der Ehe. In den ersten zwei Ehejahren sind Scheidungen relativ selten. Die Scheidungshäufigkeit steigt dann aber mit zunehmender Ehedauer stark an und erreicht im 6. Ehejahr (2006) ihren Höhepunkt. Danach wird sie wieder kontinuierlich geringer. Das Scheidungsrisiko einer bereits 25 Jahre bestehenden Ehe ist laut Statistik etwa so hoch wie bei einer Ehe, die erst zwei Jahre besteht.

Das hohe Scheidungsniveau führt zu der Frage, warum so viele Ehen geschieden werden. Die Familiensoziologie hat sich in der jüngsten Vergangenheit verstärkt diesem Thema zugewandt und verschiedene Erklärungsansätze für die steigende Zahl der Scheidungen entwickelt. Das Zusammenleben von Paaren ist danach ein Prozess ständigen Gebens und Nehmens (Kommunikation, Emotion, Solidarität, Sexualität, gegenseitige Hilfe in Notlagen), von dem beide Partner letztlich Vorteile haben müssen, wenn die Ehe Bestand haben soll. Da es kaum noch äußere Zwänge gibt, Ehen aufrecht zu erhalten, fällt den Partnern eine wichtige Rolle bei der Schaffung solcher stabilisierender Faktoren für eine Ehe zu. Eine große Bedeutung hat dabei insbesondere die Kommunikation zwischen den Partnern, da davon das Erkennen, Vermeiden und Lösen von Ehekonflikten abhängt.

Neben der Balance von Geben und Nehmen gibt es verschiedene äußere Faktoren, die Scheidungen begünstigen oder erschweren. Hat man auf der einen Seite gemeinsame Kinder und/oder gemeinsames Eigentum, sind Eltern oder Freunde gegen eine Scheidung, lebt das Paar in einer ländlichen Region, ist es religiös gebunden oder wird die Suche nach einem neuen Partner als schwierig angesehen, so fördert dies die Ehestabilität. Auf der anderen Seite erhöhen Faktoren wie eine frühe Eheschließung, ein großer Altersabstand zwischen den Partnern, geschiedene Eltern, materielle Unabhängigkeit der Ehefrau oder große Unterschiede in Bildung und Qualifikation die Wahrscheinlichkeit, dass eine Ehe scheitert.

b) Familienformen[24]

Wie das Statistische Bundesamt mitteilt, haben 2006 in den neuen Ländern alternative Familienformen einen Anteil von 42% an den Familien insgesamt erreicht. Zu den alternativen Familienformen zählen Alleinerziehende und Lebensgemeinschaften mit Kindern. Im früheren Bundesgebiet lag deren Anteil nur bei 22%, bundesweit betrug er 26%.

Nach Ländern betrachtet machten alternative Familienformen 2006 fast die Hälfte (47%) aller 330.000 Berliner Familien aus. Den niedrigsten Anteil verzeichnete Baden-Württemberg. Dort gehörte von den 1,2 Millionen Familien nur jede fünfte (20%) zu diesen Formen. Dies sind einige der aktuellen Ergebnisse des Mikrozensus 2006.

Im Jahr 2006 lebten in Deutschland insgesamt 8,8 Millionen Familien. 1996 waren es noch 9,4 Millionen (– 7 %). Während im gleichen Zeitraum die Zahl alternativer Familienformen um 30% auf 2,3 Millionen in 2006 anstieg, ging die Zahl der Ehepaare mit Kindern um 16% auf 6,5 Millionen zurück. Trotz wachsender Bedeutung der alternativen Familienformen machten Ehepaare mit Kindern 2006 jedoch immer noch knapp drei Viertel (74%) der Familien in Deutschland aus. Ihr Anteil an allen Familien variierte in den Ländern von 53% in Berlin bis 80% in Baden-Württemberg.

c) Stieffamilien

Von 9,5 Millionen Familien in Deutschland (inklusive allein Erziehende und Unverheiratete) sind 660.000 Stieffamilien (7%). Von insgesamt 15,3 Millionen minderjährigen Kindern wachsen 1.165.000 in einer Stieffamilie auf. 90% davon leben bei ihren Müttern.

Der Anteil der Stiefkinder im engeren Sinn liegt bei 850.000. Das heißt, sie leben mit einem leiblichen Elternteil und einem Stiefvater oder einer Stiefmutter zusammen. Das entspricht einem Anteil von 5,5%. Ende der 90er Jahre war der Anteil der Stiefkinder in Westdeutschland mit 4,5% nur knapp halb so hoch wie in Ostdeutschland, wo gut jedes zehnte Kind mit einem Stiefelternteil zusammenlebt. (W. Bien ua, Stieffamilien in Deutschland, DJI: Familien-Survey 10, 2002.)

d) Adoptionen

In Deutschland wurden im Jahr 2005 insgesamt 4.762 Kinder und Jugendliche adoptiert. Dies entspricht gegenüber dem Vorjahr einem Rückgang von 6%. Damit setzte sich die rückläufige Entwicklung der vergangenen Jahre fort: Seit 1994 hat sich die Zahl der Adoptionen um 40% verringert (1993: 8.687 Adoptionen – 1996: 7.420 Adoptionen – 1999: 6.399 Adoptionen – 2002: 5.668 Adoptionen – 2004: 5.064 Adoptionen).[25]

Rund 61% der im Jahr 2005 adoptierten Minderjährigen wurden von einem Stiefelternteil oder von Verwandten als Kind angenommen. 40% der Adoptierten waren unter sechs Jahre alt, 30% waren zwischen sechs und elf Jahren und 30% zwölf Jahre oder älter.

1.632 der adoptierten Kinder und Jugendlichen (32%) besaßen 2004 nicht die deutsche Staatsangehörigkeit.

Ende 2004 waren 895 Kinder und Jugendliche für eine Adoption vorgemerkt; 10,5% mehr als im Jahr 2003. Dagegen lagen den Adoptionsvermittlungsstellen insgesamt 10.045 Adoptionsbewerbungen vor (4% weniger als 2003). Rein rechnerisch standen damit einem zur Adoption vorgemerkten Minderjährigen elf mögliche Adoptiveltern gegenüber.

e) Sorgerechtsentzug

Im Jahr 2007 haben die Gerichte in Deutschland in rund 10.800 Fällen den vollständigen oder teilweisen Entzug der elterlichen Sorge angeordnet. Dies bedeutet gegenüber 2006 eine Steigerung um 12,5% oder 1.200 Fälle. Gegenüber 2005 betrug der Anstieg der Sorgerechtsentzüge sogar knapp 23%[26].

Mehr als verdoppelt hat sich die Zahl der Sorgerechtsentzüge in Bremen, von 56 Fällen im Jahr 2006 auf 126 Fälle im Jahr 2007. Es folgen Niedersachsen mit + 31% und Thüringen mit + 30%. Dagegen sank die Zahl der Sorgerechtsentzüge in Schleswig-Holstein um 18%, in Berlin um 15% und in Sachsen-Anhalt um 14%.

Die Jugendämter haben im Jahr 2007 knapp 12.800 Anzeigen zum vollständigen oder teilweisen Entzug der elterlichen Sorge an die Gerichte gestellt. Dies bedeutet eine Steigerung um 18,5% oder 2.000 Fälle gegenüber 2006 und um 30% gegenüber 2005.

f) Elterngeld

Im vierten Quartal 2007 wurden bundesweit knapp 23.000 Anträge von Vätern auf Elterngeld bewilligt. Nach der Erhebung des Statistischen Bundesamtes entfiel damit bei einer Gesamtzahl von 184.500 bewilligten Anträgen im gleichen Zeitraum jeder achte Antrag (12,4%) auf Elterngeld auf einen Vater.

Während im ersten Quartal 2007 erst 6,9% der Anträge für Väter waren, belief sich deren Anteil im dritten Quartal bereits auf 10,7%. Eine mögliche Ursache für den weiteren Anstieg auf 12,4% im vierten Quartal liegt darin, dass Väter nun verstärkt Anträge für die Partnermonate stellen.

Im vierten Quartal 2007 lag der Anteil der für Väter bewilligten Anträge in Bayern mit 15,1% und in Berlin mit 15,0% am höchsten. Am geringsten war der Väter-Anteil wie bereits in den Vorquartalen im Saarland mit 7,1%.

Über das gesamte Jahr 2007 gesehen wurden insgesamt 571.000 Anträge auf Elterngeld bewilligt. 60.000 oder 10,5% davon waren von Vätern gestellt worden. Beim früheren Erziehungsgeld, das an Einkommensgrenzen gekoppelt war, lag der Anteil der Anträge von Vätern in den Vorjahren bei etwa 3,3%. Die Zahl der Elterngeldanträge für im Jahr 2007 geborene Kinder wird noch weiter ansteigen. Viele Eltern, deren Kind im letzten Quartal 2007 zur Welt kam, werden erst Anfang 2008 einen Antrag auf Elterngeld stellen und auch zahlreiche Väter von Kindern, die im Jahr 2007 geboren wurden, können noch immer Elterngeld für Partnermonate beantragen.

Mehr als die Hälfte der Väter (60%), die Elterngeld in Anspruch nahmen, beantragte es 2007 für zwei Monate, 18% nahmen eine „Babyzeit" von zwölf Monaten. Bei den Müttern ergibt sich ein anderes Bild: 87% von ihnen beanspruchten Elterngeld für zwölf Monate, weniger als ein Prozent für zwei Monate.

g) Nichteheliche Kinder

Bei sinkenden Geburtenzahlen steigt die Anzahl der Kinder, deren Eltern nicht miteinander verheiratet sind. Nach Mitteilung des Statistischen Bundesamtes kamen im Jahr 2005 ca. 200.000 Kinder außerhalb einer Ehe zur Welt. Dies sind fast 30%. Im Jahr 1998 lag die Quote noch bei 16%.

2. Checklisten, Tabellen und Gesetzestexte

a) Aufstellung Mehr- und Sonderbedarf beim Kindesunterhalt

Die folgende Aufstellung dient der Orientierung. Es wird darauf hingewiesen, dass es sich überwiegend um Einzelfallentscheidungen handelt.

Mehrbedarf gewährt für:

- Kindergarten- bzw. Hortkosten, falls nicht beim Betreuungsunterhalt zu berücksichtigen
- krankheitsbedingte Mehrkosten
- Kosten für eine länger andauernde psychotherapeutischen Behandlung
- Umgangsaufwand
- Nachhilfeunterricht
- Besuch einer gutachterlich empfohlenen Privatschule
- Kosten für Sporttraining oder Musikunterricht, wenn die Entscheidung von den Eltern gemeinsam getroffen wurde.

Sonderbedarf gewährt für:

- Säuglingserstausstattung
- Kosten des Vaterschaftsanfechtungsprozesses
- notwendige Umzugskosten
- Brille
- mehrjährige kieferorthopädische Behandlung
- medizinisch verordneter Kuraufenthalt
- Schülerbetriebspraktikum in England
- Neues Bettzeug wegen Hausstaubmilbenallergie.

Sonderbedarf verneint für:

- neue Zimmereinrichtung für Heranwachsende
- Klavier
- Führerschein
- Zahnbehandlung
- Ausrichten der Feier zur Kommunion oder Konfirmation
- Klassenfahrt (streitig, unterschiedliche Rechtsprechung)
- Austauschschülerauslandsaufenthalt
- Urlaub.

b) Aufstellung elterliche Sorge

Alleinentscheidung des betreuenden Elternteils:

- Normaler Ablauf des Schullebens (Auswahl des Nachhilfelehrers, Klassenfahrten)
- Tagesausflüge
- Ausübung von Sport, zB Fußball
- normale medizinische Untersuchungen (Vorsorgeuntersuchungen, Schutzimpfungen)
- Verwaltung kleinerer Geldgeschenke.

Gemeinsame Entscheidung:

- Wahl des Vornamens
- Aufenthaltsbestimmungsrecht
- Auswanderung des Kindes

- Ferienaufenthalt im Ausland
- wochen- oder monatelanger Schüleraustausch
- schulische und berufliche Ausbildung (Schulart, konkrete Schule, Wahl von Fächern und Leistungskursen)
- Wechsel des Kindes in Heim oder Internat
- Medizinische Eingriffe, Ausnahme: Notfälle
- Impfungen
- religiöse Erziehung
- Umgang mit dem anderen Elternteil und Dritten
- Unterhalt des Kindes
- Anlage und Verwendung von Kindesvermögen
- Annahme einer Erbschaft
- Nach § 1643 BGB genehmigungspflichtige Geschäfte.

c) Checkliste zum unterhaltsrechtlich relevanten Einkommen

[(+) heißt, dass es sich um Einkommen handelt,
(–) heißt, dass es nicht als Einkommen behandelt wird].

aa) Einkünfte:

(+) Gehört zum unterhaltsrechtlich relevanten Einkommen

(–) Gehört nicht zum unterhaltsrechtlich relevanten Einkommen

Abfindungen: (+), in der Regel auf längeren Zeitraum zu verteilen

Altersruhegeld: (+), einschließlich Kinderzuschuss

Arbeitnehmersparzulage: (+)

Arbeitslosengeld: (+)

Arbeitslosenhilfe: beim Unterhaltsberechtigten: (–) wenn das Arbeitsamt Unterhaltsanspruch auf sich übergeleitet hat, sonst wohl (+); beim Unterhaltsschuldner: (+)

Ausbildungsvergütung: (+) bereinigt um ausbildungsbedingte Aufwendungen

Auslandszulagen: bereinigt um konkret darzulegende Mehraufwendungen

BAföG-Leistungen: (+), auch wenn darlehensweise gewährt

Berufsunfähigkeitsrente: (+)

Blindengeld: nach den meisten OLG-Leitlinien (+), zB Leitlinien der Familiensenate in Süddeutschland Ziffer 2. Abzug der konkret darzulegenden Mehraufwendungen (–)

Eigenheim/Eigentumswohnung: (+) das mietkostenfreie Wohnen kann zur Anrechnung eines fiktiven Einkommens führen Als Regel ist beim mietfreien Wohnen als Wohnwert die objektive Marktmiete anzusetzen.

Erbschaft: Einkünfte hieraus auf Seiten des Schuldners beim Kindesunterhalt immer anrechenbar (+)

Erfindervergütungen: wie Einkünfte aus einer Nebentätigkeit unter Zumutbarkeitsgesichtspunkten zu berücksichtigen (+)

Erwerbsunfähigkeitsrente: (+), nach Abzug der konkret darzulegenden krankheitsbedingten Mehraufwendungen

Erziehungsgeld: in der Regel (–), § 9 Satz 1 BErzGG, anders bei gesteigerter Unterhaltsverpflichtung gegenüber minderjährigem Kind nach § 1603 Abs. 2 BGB

Essensgeld: (+), in Höhe der Eigenersparnis

Feiertagszuschläge: (+), wenn berufstypisch und in geringem Umfang, ansonsten Einzelfallbeurteilung, z. T. $^2/_3$

Ferienarbeit von Studenten und Schülern: bei geringen Einkünften (–), sonst Einzelfallbeurteilung

Gratifikationen: in der Regel (+), größere Beträge auf angemessenen Zeitraum zu verteilen

Grundrente nach § 31 BVersG: grundsätzlich (+). Nach § 1610 a BGB Vermutung, dass Mehraufwendungen und Leistung sich decken. Kann vom Unterhaltsberechtigten widerlegt werden

Hausfrau/-mann: bei Unterhaltsverpflichtungen gegenüber minderjährigen Kindern sowie im Haushalt eines Elternteils lebenden volljährigen Schülern bis 21 Jahren und betreuendem Ehegatten hat

Unterhaltspflichtiger, der in neuer Ehe Haushaltsführung und Kindesbetreuung übernimmt, idR Verpflichtung zur Nebentätigkeit wenn Arbeitsplatzaufgabe wirtschaftlich vernünftig war, dh wenn neuer Ehegatte mehr verdient als Unterhaltspflichtiger. Ansonsten Zurechnung fiktiven Einkommens in der vorher erzielten Höhe

Jubiläumszuwendungen: (+), auf angemessenen Zeitraum umlegen

Kapitaleinkünfte: beim Unterhaltsberechtigten (+), beim Unterhaltsschuldner beim Kindesunterhalt (+), beim Ehegattenunterhalt nur (+), wenn prägend

Kindergeld: idR Einkommen, wird aus Vereinfachungsgründen aber bei keinem Elternteil einkommenserhöhend berücksichtigt

Kinderzulagen/-Zuschüsse: soweit staatliches Kindergeld übersteigend (+)

Konkursausfallgeld: (+)

Krankengeld: (+), nach Abzug von krankheitsbedingten Mehrkosten

Krankenhaustagegeld: (+)

Kriegsbeschädigtenrente: grundsätzlich (+), aber nach § 1610 a BGB Vermutung, dass Kosten der Aufwendungen nicht geringer sind als die Höhe der Leistungen. Vom Unterhaltsberechtigten widerlegbar!

Kurzarbeitergeld: (+)

Lehrlingsvergütung: vgl. Ausbildungsvergütung

Leibrente: (+) in voller Höhe, nicht nur im Ertragsanteil

Leistungszulagen: in der Regel (+)

Lottogewinn: Einkünfte hieraus beim Kindesunterhalt (+); beim Ehegattenunterhalt (+), wenn prägend

Mieteinnahmen: (+), nach Abzug der notwendigen Ausgaben

Mietwert der eigenen Wohnung/Haus: vgl. oben unter Eigenheim

Mutterschaftsgeld: (+)

Nachtarbeitszuschlag: (+), wenn berufstypisch und in geringem Umfang, ansonsten nach Zumutbarkeitsgesichtspunkten

Nebentätigkeit: nach Zumutbarkeitsgesichtspunkten bei Rentnern und Pensionisten in der Regel (–)

Nießbrauch: (+)

Ortszuschlag: (+), einschließlich der kinderbezogenen Bestandteile, auch bei Stiefkind

Pensionen: (+)

Pflege- und Erziehungsgeld für die Betreuung von Kindern nach §§ 23 Abs. 3, 39 KJHG: Einkommen der Pflegeperson, soweit den für den Pflegekind benötigten Unterhalt übersteigend. Im Zweifel Anrechnung eines Drittels des Pflegegeldes

Pflegegeld nach § 69 BSHG: Anrechnung wie Pflegegeld nach § 39 KJHG

Pflegegeld nach ZGHG: (+)

Pflegezulage nach BVersG: grundsätzlich (+), aber gem. § 1610 a BGB Vermutung, dass Kosten der Aufwendungen nicht geringer sind als Höhe der Leistungen. Kann vom Unterhaltspflichtigen widerlegt werden.

PKW-Überlassung durch den Arbeitgeber (Dienstwagen): (+), wenn auch private Nutzung. Wert der Sachzuwendung zu schätzen unter Berücksichtigung der Eigenersparnis 150 EUR bis 400 EUR monatlich sind üblich

Provisionen: (+)

Rente: (+)

Sachbezüge: (+), zB verbilligter Warenbezug, Dienstwagen, Freiflüge: Anzusetzen mit Wert vergleichbarer Waren oder Leistungen unter Berücksichtigung der Eigenersparnis

Schichtzuschläge: (+), wenn berufstypisch und in geringem Umfang, ansonsten nach Zumutbarkeitsgesichtspunkten

Schlechtwettergeld: (+)

Schmerzensgeld: in der Regel (-), bei Unterhalt minderjähriger Kinder unter Umständen (+)

Schwarzarbeitslohn: (+)

Schwerstbeschädigtenzulage gem. § 31 BVersG: grundsätzlich (+), aber gem. § 1610 a BGB Vermutung, dass Kosten der Aufwendungen nicht geringer sind als die Höhe der Leistungen. Kann vom Unterhaltsberechtigten widerlegt werden.

Sozialhilfe: (–)

Spesen: in der Regel (+), nach Abzug der nachzuweisenden tatsächlichen berufsbedingten Aufwendungen, teilweise Unterscheidung nach steuerpflichtigen und steuerfreien Spesen. Teilweise pauschal mit einem Drittel des Nettobetrages zu berücksichtigen

Splittingvorteil aus neuer Ehe des Unterhaltspflichtigen: (+), Beim Kindesunterhalt wird die aktuelle Steuerlast zugrunde gelegt

Steuerrückerstattungen: grundsätzlich (+), im Jahr der Erstattung zu berücksichtigen, allerdings nur wenn voraussichtlich auch künftig mit gleich bleibenden Steuererstattungen zu rechnen ist. Steuerrückerstattungen, die auf Aufwendungen beruhen, die der Unterhaltspflichtige dem Unterhaltsberechtigten nicht einkommensmindernd entgegenhalten kann, sind nicht zu berücksichtigen.

Stipendien: (+)

Streikgeld: (+)

Tantiemen: (+)

Taschengeld: bei Wiederverheiratung für den Unterhalt von Kindern aus 1. Ehe einzusetzen, wenn der angemessene Eigenunterhalt durch Leistungen des neuen Ehegatten gedeckt ist

Treueprämien: (+)

Trinkgeld: (+)

Übergangsbeihilfe der Bundeswehr für ausscheidende Soldaten: (+), auf längeren Zeitraum umzulegen

Überstundenvergütungen: (+), wenn berufstypisch und geringfügig oder zumindest das im Beruf des Unterhaltsschuldners übliche Maß nicht übersteigend, ansonsten Anrechnung nach Zumutbarkeitsgesichtspunkten

Umsatzbeteiligungen: (+)

Unfallrente: (+), Abzug der konkret nachzuweisenden Mehrkosten

Urlaubsgeld: (+)

Urlaubsabgeltung: unzumutbare Mehrarbeit und damit Anrechnung allenfalls nach Billigkeitsgesichtspunkten

Vermögen: Erträgnisse beim Kindesunterhalt immer zu berücksichtigen. Wird vorhandenes Kapital nicht ertragreich angelegt, sind erzielbare Zinseinkünfte fiktiv anzusetzen. Vermögensverwertung bei beschränkter Leistungsfähigkeit sowohl auf Seiten des Unterhaltspflichtigen als auch auf Seiten der Berechtigten zumutbar, sofern die Verwertung nicht unwirtschaftlich oder unter Berücksichtigung der beiderseitigen wirtschaftlichen Verhältnisse unbillig ist.

Vermögenswirksame Leistungen des Arbeitgebers: Zusatzleistungen des Arbeitgebers (–), (strittig)

Waisenrente: (+)

Wehrsold: (+), staatliche Leistungen wie Unterkunft, Verpflegung, Heilfürsorge etc in der Regel

Weihnachtsgeld: (+), anteilige Berücksichtigung

Wohngeld: (+), soweit nicht erhöhten Wohnbedarf ausgleichend. Empfänger muss erhöhte Wohnkosten darlegen

Zinseinkünfte: (+); Abzug der Steuern und Bankspesen

Zivildienstvergütung: (+); Vergütung, Wohnmöglichkeit, Verpflegung etc in der Regel bedarfsdeckend

Zuwendungen Dritter: (zB kostenlose Wohnungsgewährung durch nahe Angehörige), in der Regel (–), da der Zuwendende durch diese freiwilligen Leistungen nicht den Unterhaltspflichtigen entlasten will. Wird Gegenleistung erbracht, ist Zuwendung in Höhe des Werts der Leistung als Einkommen anzurechnen.

bb) Ausgaben:

(+) Ausgaben werden im Unterhaltsrecht anerkannt
(–) Ausgaben werden unterhaltsrechtlich nicht anerkannt

Abschreibungen: Einzelfallbeurteilung. Kommt bei Arbeitnehmern ohnehin nur selten in Betracht (ausnahmsweise zB für beruflich benötigtes Auto oder wichtige Arbeitsmittel). AfA für die Abnutzung von Gebäuden (–). Gilt auch für Abschreibung nach § 7 b EStG. Bei Selbstständigen grundsätzlich (+), allerdings keine Bindung an die steuerlichen Abschreibungssätze. Im Zweifel nachzuweisen, ob Investition betriebsnotwendig und sinnvoll war.

Arbeitslosenversicherung: (+)

Arbeitszimmer: nur ausnahmsweise (+), wenn zwingend beruflich erforderlich

Autohaftpflichtversicherung: nur (+), wenn auch PKW-Nutzung einkommensmindernd anerkannt wird (vgl. PKW-Kosten)

BAföG-Rückzahlung: (+) bei fälligen Darlehensraten

Bausparverträge: Einzelfallbeurteilung, beim Kindesunterhalt in der Regel (–)

Berufsbedingte Aufwendungen: (+), entweder Pauschale von in der Regel 5% des Nettoeinkommens oder in tatsächlicher Höhe gegen konkreten Nachweis. Beispiele: Fahrtkosten zur Arbeitsstätte, Arbeitsmittel, Bewerbungskosten etc. Gilt nicht beim Selbstständigen, da hier die berufsbedingten Aufwendungen bereits bei den Ausgaben seiner Gewinnermittlung voll berücksichtigt sind.

Ausbildungsbedingte Aufwendungen: (+), entweder gegen konkreten Nachweis oder pauschal mit EUR 90,–

Berufsunfähigkeitsversicherung: bei Selbstständigen angemessene Aufwendungen abziehbar

Berufsverbände: (+), zB Gewerkschaftsbeiträge, Beamtenbund, Ärztekammer

Betriebsausgaben: grundsätzlich (+), im Zweifel aber nachzuweisen, dass Betriebsausgaben betriebsnotwendig und betriebswirtschaftlich sinnvoll waren, zB Abschreibungen, betriebliche Steuern, Kfz-Aufwendungen, Löhne, Mieten, etc.

Darlehensverbindlichkeiten: Einzelfallbeurteilung, Rückzahlung ehebedingter Verbindlichkeiten, also bis zur Trennung begründeter Schulden, in der Regel (+). Ansonsten von Zweck der Verbindlichkeit, Zeitpunkt und Art ihrer Entstehung, Dringlichkeit der beiderseitigen Bedürfnisse, Kenntnis des Unterhaltsverpflichteten von

Grund und Höhe der Unterhaltsschuld, Möglichkeit des Unterhaltsschuldners, die Leistungsfähigkeit in zumutbarer Weise ganz oder teilweise wiederherzustellen und ggf. auch schutzwürdigen Belangen des Drittgläubigers abhängig. Berücksichtigung nur in angemessenen Tilgungsraten und wenn tatsächlich Zahlung erfolgt.

Diätkosten: (+), bei Nachweis der ärztlichen Notwendigkeit und der konkreten Mehrkosten

Einkommensteuer: (+)

Fahrtkosten zur Arbeitsstelle: (+), als berufsbedingte Aufwendungen abziehbar (vgl. oben). Kraftfahrzeugkosten nur dann (+), wenn Arbeitsstätte nicht in zumutbarer Weise mit öffentlichen Verkehrsmitteln erreichbar ist.

Fachbücher: (+), als berufsbedingte Aufwendungen

Fortbildungskosten: (+), in angemessenem Rahmen als berufsbedingte Aufwendung (siehe oben), zB Lehrgangskosten, Tagungsgebühr, Fahrt- und Verpflegungskosten, soweit nicht vom Arbeitgeber erstattet

Gebäudeversicherung: in der Regel (+)

Geldbußen und -strafen: in der Regel (–)

Gerichtskosten: bei Scheidungskosten Einzelfallbeurteilung. Oft wird Tilgung in angemessenen Raten akzeptiert. Bei Selbstständigen bei betriebsbedingten Prozessen (+), sonst (–)

Gewerbesteuer: (+)

Gewerkschaftsbeiträge: (+)

Grundsteuer: (+)

Haftpflichtversicherung: private (–), berufliche (+) als berufsbedingte Aufwendungen (siehe oben) oder Betriebsausgaben (siehe oben)

Hausunkosten: Einzelfallbeurteilung. Zum Teil Unterscheidung nach verbrauchsunabhängigen Unkosten zB Grundsteuer, Brandversicherung, Haushaftpflicht (+) und verbrauchsabhängigen Kosten wie Heizung, Strom, Gas, Wasser etc (–), (so Süddeutsche Leitlinien). Beim Trennungsunterhalt Zins- und Tilgungsleistungen in angemessenen Raten zu berücksichtigen, beim nachehelichen Unterhalt nur Zinsleistungen, wenn die Verbindlichkeiten ehebedingt waren

Haushaltshilfe: in der Regel (–), es sei denn Unterhaltspflichtiger ist krank, schwerbeschädigt oder behindert.

Hausrat: (+), bei angemessenen Tilgungsraten für angemessene Anschaffungen, die als Folge der Trennung erforderlich waren.

Hausratversicherungen: in der Regel (–)

Kindesbetreuungskosten: als berufsbedingte Aufwendungen (+), zB Betreuung durch Dritte, wenn erforderlich, um einer Erwerbstätigkeit nachzugehen

Kirchensteuer: (+)

Kfz-Kosten: bei Arbeitnehmern als berufsbedingte Aufwendungen (vgl. oben) (+), wenn Arbeitsstelle nicht in zumutbarer Weise mit öffentlichen Verkehrsmitteln erreichbar ist. Bei berechtigter PKW-Benutzung Abzug der Betriebs- und Anschaffungskosten und der Rücklagen für notwendig werdende Neuanschaffung, wobei Gesamtkosten im Verhältnis der beruflichen und privaten Nutzung aufzuteilen sind. Betriebskosten (Steuer, Versicherung, Treibstoff, Wartung, Reparaturen) entweder konkret oder nach km-Pauschale (unterschiedlich je nach OLG-Bezirk) abzurechnen. Bei Selbstständigen Kosten für Betriebs – PKW absetzbar unter Abzug eines zu schätzenden Privatanteils bei privater Nutzung.

Krankenversicherungskosten: (+), nach Abzug des Arbeitgeberanteils bei Arbeitnehmern

Krankheitsbedingter Mehraufwand: (+), gegen Nachweis der konkreten Aufwendungen und ihrer ärztlichen Notwendigkeit, wenn sie nicht von der Krankenkasse ersetzt werden

Lebensversicherungsbeiträge: bei Arbeitnehmern in der Regel (–). Andere Beurteilung bei sehr hohen Einkünften oder bei Prägung der ehelichen Lebensverhältnisse möglich. Bei Selbstständigen (+) im Rahmen einer angemessenen Altersvorsorge.

Lohnsteuer: (+)

Mietkosten: (–)

Pflichtversicherungsbeiträge: (+)

PKW-Kosten: vgl. oben Kfz-Kosten

Privatentnahmen: können bei der Berechnung des unterhaltsrechtlich relevanten Einkommens eine Rolle spielen (sie können ein Indiz für ein entsprechendes Einkommen sein). Einzelfallbeurteilung

Rentenversicherungsbeiträge: (+)

Steuern: (+)

Steuererstattung an den Unterhaltsberechtigten wegen Inanspruchnahme des begrenzten Realsplittings: (+)

Steuernachzahlungen: (+), im Jahr der Zahlung

Umgangskosten: Einzelfallbeurteilung. In der Regel (–), bei üblichen Umgangskosten, auch bei Ferienaufenthalt im Rahmen des Besuchsrechts. Bei hohen Kosten (zB bedingt durch Wegzug der Mutter) allerdings Berücksichtigung zB der Fahrtkosten als trennungsbedingter Mehrbedarf.

Unfallversicherung: bei Selbstständigen (+), bei Arbeitnehmer gesetzl. Unfallversicherung (+). Freiwillige Beiträge wohl ebenfalls (+),

Vereinsbeiträge: in der Regel (–), es sei denn berufsbedingt

Vermögensbildungsaufwendungen: in der Regel (–)

Vermögenswirksame Leistungen: (–), vgl. aber oben Arbeitnehmersparzulage und Arbeitgeberzuschuss zur Vermögensbildung

Versicherungsbeiträge: notwendige Versicherungsaufwendungen wie Krankenversicherung, Rentenversicherung, Arbeitslosenversicherung (+), sonst in der Regel (–), (siehe einzelne Versicherungen).

Vorsorgeaufwendungen: (+), soweit angemessen

Werbungskosten: vgl. oben berufsbedingte Aufwendungen, Betriebsausgaben. Nicht alle steuerrechtlich anerkannten Werbungskosten werden auch im Unterhaltsrecht berücksichtigt!

Wohnkosten: (–)

Zusatzversicherung zur Krankenkasse: in der Regel (–), es sei denn, die eigentliche Krankenversicherung bietet keine ausreichende Absicherung.

d) Checkliste zum Kindergeld

aa) Kindergeldtabelle:

Höhe des Kindergeldes seit der Neuregelung 1996

	1. Kind	2. Kind	3. Kind	jedes weitere Kind
1996	200 DM	200 DM	300 DM	350 DM
1997	220 DM	220 DM	300 DM	350 DM
1998	220 DM	220 DM	300 DM	350 DM
1999	250 DM	250 DM	300 DM	350 DM
2000	270 DM	270 DM	300 DM	350 DM
2001	270 DM	270 DM	300 DM	350 DM
2002	154 EUR	154 EUR	154 EUR	179 EUR
2009	164 EUR	164 EUR	170 EUR	195 EUR
seit 2010	184 EUR	184 EUR	190 EUR	215 EUR

bb) Bezüge und Abzüge des Kindes beim Kindergeld:

Bezüge sind:

- Ausbildungsbeihilfen, wie BAföG, Stipendien, Berufsausbildungshilfe, Übergangsgeld, Ausbildungsgeld, Eingliederungshilfe
- Pauschal versteuerter Arbeitslohn
- Ausbezahlte Lohnersatzleistungen wie Arbeitslosengeld oder Krankengeld
- Elterngeld, soweit es den Mindestanspruch von 300,– EUR übersteigt
- Nach § 3 Nr. 40 EStG steuerfreie Einkünfte, die dem Teileinkünfteverfahren unterliegen
- Bis 2008 nach § 3 Nr. 40 EStG steuerfreie Einkünfte aus Kapitalvermögen und Spekulationsgewinne, die dem Halbeinkünfteverfahren unterliegen, sowie Kapitalerträge in Höhe des ausgenutzten Sparer-Freibetrages
- Sonstige steuerfreie Einnahmen nach § 3 EStG
- Steuerfreie Sonn-, Feiertags- oder Nachtarbeitszuschläge
- Verdienstausfallentschädigung
- Versorgungsbezüge in Höhe des Versorgungsfreibetrages
- Steuerfreier Teil einer gesetzlichen Rente

- Zuschüsse eines Trägers der gesetzlichen Rentenversicherung zur freiwilligen oder privaten Kranken- und Pflegeversicherung
- Steuerfreie Renten aus der gesetzlichen Unfallversicherung
- Steuerfreie Renten aus dem Bundesversorgungsgesetz
- Unterhaltsleistungen nach dem Bundessozialhilfegesetz
- Leistungen nach dem Grundsicherungsgesetz
- Wohngeld
- Spekulationsgewinne
- Steuerfreie Gewinne aus Veräußerung/Aufgabe eines Betriebes
- Sonderabschreibungen und erhöhte Absetzung
- Sachbezüge
- Taschengeld als Au-pair
- Wehrsold nebst Entlassungsgeld
- Einmalige Bezüge, wie Lottogewinn
- Unterhalt, den das Kind vom anderen Elternteil des gemeinsamen Kindes nach § 1615 I BGB erhält.
- Ehegattenunterhalt
- Ausgezahlte Arbeitnehmer-Sparzulage
- Ausgezahlte Wohnbauprämie.

Keine Bezüge sind:

- Arbeitnehmer-Pauschbetrag nach § 9 a I EStG
- Ab 2009 der Sparer-Pauschbetrag nach § 20 IX EStG
- Die steuerfreien bzw. pauschal zu versteuernden Beträge zu einer Direktversicherung, Pensionskasse oder zu einem Pensionsfonds
- Darlehensanteil beim BAföG
- Unterhaltsleistungen der Eltern
- Erziehungsgeld nach dem Bundeserziehungsgeldgesetz, sowie Mutterschaftsgeld für die Zeit nach der Entbindung, soweit es auf das Eltern- bzw. Erziehungsgeld angerechnet wird
- Mindestelterngeld von 300 EUR
- Leistungen aus der Pflegeversicherung
- Im Rahmen der Sozialhilfe geleistete Beiträge für Krankenhilfe
- Grundrente und Schwerbeschädigtenrente
- Steuerfreie Aufwandsentschädigungen aus öffentlichen Kassen
- Steuerfreie Reisekostenvergütungen, Umzugskostenvergütungen und Trennungsgelder aus öffentlichen Kassen

- Steuerfreie Erstattung von Werbungskosten durch den Arbeitgeber, steuerfreies Werkzeuggeld, sowie pauschal versteuerter Werbungskostenersatz
- Leistungen für Mehrbedarf, der durch einen Körperschaden verursacht ist (zB Blindenhilfe, Pflegegeld)
- Leistungen, die wegen eines individuellen Sonderbedarfs des Kindes gewährt werden
- Leistungen der Stiftung „Humanitäre Hilfe für durch Blutprodukte HIV-infizierte Personen und Schmerzensgeld"
- Renten für Conterganschäden
- Sachbezüge wie Unterkunft, Verpflegung unterhalb bestimmter Freigrenzen
- Geldzuwendungen, die ausdrücklich zur Vermögensbildung dienen, zB von den Großeltern.

Diese Ausgaben mindern das Kindeseinkommen:

- Beiträge zur gesetzlichen Renten-, Kranken-, Pflege- und Arbeitslosenversicherung
- Beiträge zur freiwilligen gesetzlichen Kranken- und Pflegeversicherung
- Beiträge eines beihilfeberechtigten Kindes zu einer privaten Kranken- und Pflegeversicherung. Abgedeckt sein darf nur der von der Beihilfe nicht übernommene Teil der beihilfefähigen Aufwendungen.

Noch strittig sind folgende Aufwendungen:

- Gezahlte Steuern, wie Lohn- und Einkommensteuer, Kirchensteuer, Solidaritätszuschlag und Kapitalertragssteuer
- Vom Arbeitgeber einbehaltene Beiträge an die Versorgungsanstalt des Bundes und der Länder
- Unfallbedingte Aufwendungen.

Keine Minderung des Einkommens durch folgende Beträge:

- Beiträge zu einer freiwilligen privaten Altersvorsorge
- Beiträge zu einer privaten Krankenversicherung, soweit sie über eine Mindestversorgung hinausgeht
- In den Bruttoeinnahmen enthaltene vermögenswirksame Leistungen
- Beiträge zu einer privaten Unfallversicherung.

cc) Düsseldorfer Tabelle (Stand 1. 1. 2013):

A. Kindesunterhalt (Beträge in Euro)

	Nettoeinkommen des Barunterhaltspflichtigen (Anm. 3, 4)	Altersstufen in Jahren (§ 1612a Abs. 1 BGB)				Prozentsatz	Bedarfskontrollbetrag (Anm. 6)
		0 – 5	6 – 11	12 – 17	ab 18		
		Alle Beträge in Euro					
1.	bis 1.500	317	364	426	488	100	800/1.000
2.	1.501 – 1.900	333	383	448	513	105	1.100
3.	1.901 – 2.300	349	401	469	537	110	1.200
4.	2.301 – 2.700	365	419	490	562	115	1.300
5.	2.701 – 3.100	381	437	512	586	120	1.400
6.	3.101 – 3.500	406	466	546	625	128	1.500
7.	3.501 – 3.900	432	496	580	664	136	1.600
8.	3.901 – 4.300	457	525	614	703	144	1.700
9.	4.301 – 4.700	482	554	648	742	152	1.800
10.	4.701 – 5.100	508	583	682	781	160	1.900
	ab 5.101	nach den Umständen des Falles					

[1] **Amtl. Anm.:** Die neue Tabelle nebst Anmerkungen beruht auf Koordinierungsgesprächen, die unter Beteiligung aller Oberlandesgerichte und der Unterhaltskommission des Deutschen Familiengerichtstages e. V. stattgefunden haben.

Anmerkungen:

1. Die Tabelle hat keine Gesetzeskraft, sondern stellt eine Richtlinie dar. Sie weist den monatlichen Unterhaltsbedarf aus, bezogen auf zwei Unterhaltsberechtigte, ohne Rücksicht auf den Rang. Der Bedarf ist nicht identisch mit dem Zahlbetrag; dieser ergibt sich unter Berücksichtigung der nachfolgenden Anmerkungen.

   Bei einer größeren/geringeren Anzahl Unterhaltsberechtigter können Ab- oder Zuschläge durch Einstufung in niedrigere/höhere Gruppen angemessen sein. Anmerkung 6 ist zu beachten. Zur Deckung des notwendigen Mindestbedarfs aller Beteiligten – einschließlich des Ehegatten – ist gegebenenfalls eine Herabstufung bis in die unterste Tabellengruppe vorzunehmen. Reicht das verfügbare Einkommen auch dann nicht aus, setzt sich der Vorrang der Kinder im Sinne von Anm. 5 Abs. 1 durch. Gegebenenfalls erfolgt zwischen den erstrangigen Unterhaltsberechtigten eine Mangelberechnung nach Abschnitt C.

2. Die Richtsätze der 1. Einkommensgruppe entsprechen dem Mindestbedarf in Euro gemäß § 1612a BGB. Der Prozentsatz drückt die Steigerung des Richtsatzes der jeweiligen Einkommensgruppe gegenüber dem Mindestbedarf (= 1. Einkommensgruppe) aus. Die durch Multiplikation des gerundeten Mindestbedarfs mit dem Prozentsatz errechneten Beträge sind entsprechend § 1612a Abs. 2 S. 2 BGB aufgerundet.
3. Berufsbedingte Aufwendungen, die sich von den privaten Lebenshaltungskosten nach objektiven Merkmalen eindeutig abgrenzen lassen, sind vom Einkommen abzuziehen, wobei bei entsprechenden Anhaltspunkten eine Pauschale von 5 % des Nettoeinkommens – mindestens 50 EUR, bei geringfügiger Teilzeitarbeit auch weniger, und höchstens 150 EUR monatlich – geschätzt werden kann. Übersteigen die berufsbedingten Aufwendungen die Pauschale, sind sie insgesamt nachzuweisen.
4. Berücksichtigungsfähige Schulden sind in der Regel vom Einkommen abzuziehen.
5. Der notwendige Eigenbedarf (Selbstbehalt)
   - gegenüber minderjährigen unverheirateten Kindern,
   - gegenüber volljährigen unverheirateten Kindern bis zur Vollendung des 21. Lebensjahres, die im Haushalt der Eltern oder eines Elternteils leben und sich in der allgemeinen Schulausbildung befinden,

   beträgt beim nicht erwerbstätigen Unterhaltspflichtigen monatlich 800 EUR, beim erwerbstätigen Unterhaltspflichtigen monatlich 1.000 EUR. Hierin sind bis 360 EUR für Unterkunft einschließlich umlagefähiger Nebenkosten und Heizung (Warmmiete) enthalten. Der Selbstbehalt kann angemessen erhöht werden, wenn dieser Betrag im Einzelfall erheblich überschritten wird und dies nicht vermeidbar ist.

   Der angemessene Eigenbedarf, insbesondere gegenüber anderen volljährigen Kindern, beträgt in der Regel mindestens monatlich 1.200 EUR. Darin ist eine Warmmiete bis 450 EUR enthalten.
6. Der Bedarfskontrollbetrag des Unterhaltspflichtigen ab Gruppe 2 ist nicht identisch mit dem Eigenbedarf. Er soll eine ausgewogene Verteilung des Einkommens zwischen dem Unterhaltspflichtigen und den unterhaltsberechtigten Kindern gewährleisten. Wird er unter Berücksichtigung anderer Unterhaltspflichten unterschritten, ist der Tabellenbetrag der nächst niedrigeren Gruppe, deren Bedarfskontrollbetrag nicht unterschritten wird, anzusetzen.

7. Bei volljährigen Kindern, die noch im Haushalt der Eltern oder eines Elternteils wohnen, bemisst sich der Unterhalt nach der 4. Altersstufe der Tabelle.
   Der angemessene Gesamtunterhaltsbedarf eines Studierenden, der nicht bei seinen Eltern oder einem Elternteil wohnt, beträgt in der Regel monatlich 670 EUR. Hierin sind bis 280 EUR für Unterkunft einschließlich umlagefähiger Nebenkosten und Heizung (Warmmiete) enthalten. Dieser Bedarfssatz kann auch für ein Kind mit eigenem Haushalt angesetzt werden.
8. Die Ausbildungsvergütung eines in der Berufsausbildung stehenden Kindes, das im Haushalt der Eltern oder eines Elternteils wohnt, ist vor ihrer Anrechnung in der Regel um einen ausbildungsbedingten Mehrbedarf von monatlich 90 EUR zu kürzen.
9. In den Bedarfsbeträgen (Anmerkungen 1 und 7) sind Beiträge zur Kranken- und Pflegeversicherung sowie Studiengebühren nicht enthalten.
10. Das auf das jeweilige Kind entfallende Kindergeld ist nach § 1612b BGB auf den Tabellenunterhalt (Bedarf) anzurechnen.

B. Ehegattenunterhalt

I. Monatliche Unterhaltsrichtsätze des berechtigten Ehegatten ohne unterhaltsberechtigte Kinder (§§ 1361, 1569, 1578, 1581 BGB):

1. gegen einen erwerbstätigen Unterhaltspflichtigen:

a) wenn der Berechtigte kein Einkommen hat:	3/7 des anrechenbaren Erwerbseinkommens zuzüglich 1/2 der anrechenbaren sonstigen Einkünfte des Pflichtigen, nach oben begrenzt durch den vollen Unterhalt, gemessen an den zu berücksichtigenden ehelichen Verhältnissen;
b) wenn der Berechtigte ebenfalls Einkommen hat:	3/7 der Differenz zwischen den anrechenbaren Erwerbseinkommen der Ehegatten, insgesamt begrenzt durch den vollen ehelichen Bedarf; für sonstige anrechenbare Einkünfte gilt der Halbteilungsgrundsatz;
c) wenn der Berechtigte erwerbstätig ist, obwohl ihn keine Erwerbsobliegenheit trifft:	gemäß § 1577 Abs. 2 BGB;

2. gegen einen nicht erwerbstätigen Unterhaltspflichtigen (z. B. Rentner): wie zu 1a, b oder c, jedoch 50 %.

II. Fortgeltung früheren Rechts:

1. Monatliche Unterhaltsrichtsätze des nach dem Ehegesetz berechtigten Ehegatten ohne unterhaltsberechtigte Kinder:

   a) §§ 58, 59 EheG: in der Regel wie I,

   b) § 60 EheG: in der Regel 1/2 des Unterhalts zu I,

   c) § 61 EheG: nach Billigkeit bis zu den Sätzen I.

2. Bei Ehegatten, die vor dem 3. 10. 1990 in der früheren DDR geschieden worden sind, ist das DDR-FGB in Verbindung mit dem Einigungsvertrag zu berücksichtigen (Art. 234 § 5 EGBGB).

III. Monatliche Unterhaltsrichtsätze des berechtigten Ehegatten, wenn die ehelichen Lebensverhältnisse durch Unterhaltspflichten gegenüber Kindern geprägt werden:

Wie zu I bzw. II 1, jedoch wird grundsätzlich der Kindesunterhalt (Zahlbetrag; vgl. Anm. C und Anhang) vorab vom Nettoeinkommen abgezogen.

IV. Monatlicher Eigenbedarf (Selbstbehalt) gegenüber dem getrennt lebenden und dem geschiedenen Berechtigten:

unabhängig davon, ob erwerbstätig oder nicht erwerbstätig 1.100 EUR

Hierin sind bis 400 EUR für Unterkunft einschließlich umlagefähiger Nebenkosten und Heizung (Warmmiete) enthalten.

V. Existenzminimum des unterhaltsberechtigten Ehegatten einschließlich des trennungsbedingten Mehrbedarfs in der Regel:

1. falls erwerbstätig: 1.000 EUR
2. falls nicht erwerbstätig: 800 EUR

VI.

1. Monatlicher notwendiger Eigenbedarf des von dem Unterhaltspflichtigen getrennt lebenden oder geschiedenen Ehegatten unabhängig davon, ob erwerbstätig oder nicht erwerbstätig:

   a) gegenüber einem nachrangigen geschiedenen Ehegatten 1.100 EUR

b) gegenüber nicht privilegierten volljährigen Kindern	1.200 EUR
c) gegenüber Eltern des Unterhaltspflichtigen	1.600 EUR

2. Monatlicher notwendiger Eigenbedarf des Ehegatten, der in einem gemeinsamen Haushalt mit dem Unterhaltspflichtigen lebt, unabhängig davon, ob erwerbstätig oder nicht erwerbstätig:

a) gegenüber einem nachrangigen geschiedenen Ehegatten	880 EUR
b) gegenüber nicht privilegierten volljährigen Kindern	960 EUR
c) gegenüber Eltern des Unterhaltspflichtigen	1.280 EUR

(vergl. Anm. D I)

Anmerkung zu I–III:

Hinsichtlich berufsbedingter Aufwendungen und berücksichtigungsfähiger Schulden gelten Anmerkungen A. 3 und 4 – auch für den erwerbstätigen Unterhaltsberechtigten – entsprechend. Diejenigen berufsbedingten Aufwendungen, die sich nicht nach objektiven Merkmalen eindeutig von den privaten Lebenshaltungskosten abgrenzen lassen, sind pauschal im Erwerbstätigenbonus von 1/7 enthalten.

C. Mangelfälle

Reicht das Einkommen zur Deckung des Bedarfs des Unterhaltspflichtigen und der gleichrangigen Unterhaltsberechtigten nicht aus (sog. Mangelfälle), ist die nach Abzug des notwendigen Eigenbedarfs (Selbstbehalts) des Unterhaltspflichtigen verbleibende Verteilungsmasse auf die Unterhaltsberechtigten im Verhältnis ihrer jeweiligen Einsatzbeträge gleichmäßig zu verteilen.

Der Einsatzbetrag für den Kindesunterhalt entspricht dem Zahlbetrag des Unterhaltspflichtigen. Dies ist der nach Anrechnung des Kindergeldes oder von Einkünften auf den Unterhaltsbedarf verbleibende Restbedarf.

Beispiel: Bereinigtes Nettoeinkommen des Unterhaltspflichtigen (M): 1.350 EUR. Unterhalt für drei unterhaltsberechtigte Kinder im Alter von 18 Jahren (K1), 7 Jahren (K2) und 5 Jahren (K3), Schüler, die bei der nicht unterhaltsberechtigten, den Kindern nicht barunterhaltspflichtigen Ehefrau und Mutter (F) leben. F bezieht das Kindergeld.

Notwendiger Eigenbedarf des M:		1.000 EUR
Verteilungsmasse:	1.350 EUR – 1.000 EUR =	350 EUR

Summe der Einsatzbeträge der Unterhaltsberechtigten:

304 EUR (488 – 184) (K 1) + 272 EUR (364 – 92) (K 2) + 222 EUR (317 – 95) (K 3) =		798 EUR
Unterhalt:		
K 1:	304 × 350: 798 =	133,33 EUR
K 2:	272 × 350: 798 =	119,30 EUR
K 3:	222 × 350: 798 =	97,37 EUR

D. Verwandtenunterhalt und Unterhalt nach § 1615 l BGB

I. Angemessener Selbstbehalt gegenüber den Eltern: mindestens monatlich 1.600 EUR (einschließlich 450 EUR Warmmiete) zuzüglich der Hälfte des darüber hinausgehenden Einkommens, bei Vorteilen des Zusammenlebens in der Regel 45 % des darüber hinausgehenden Einkommens. Der angemessene Unterhalt des mit dem Unterhaltspflichtigen zusammenlebenden Ehegatten bemisst sich nach den ehelichen Lebensverhältnissen (Halbteilungsgrundsatz), beträgt jedoch mindestens 1.280 EUR (einschließlich 350 EUR Warmmiete).

II. Bedarf der Mutter und des Vaters eines nichtehelichen Kindes (§ 1615 l BGB): nach der Lebensstellung des betreuenden Elternteils, in der Regel mindestens 800 EUR.

Angemessener Selbstbehalt gegenüber der Mutter und dem Vater eines nichtehelichen Kindes (§§ 1615 l, 1603 Abs. 1 BGB): unabhängig davon, ob erwerbstätig oder nicht erwerbstätig: 1.100 EUR.

Hierin sind bis 400 EUR für Unterkunft einschließlich umlagefähiger Nebenkosten und Heizung (Warmmiete) enthalten.

E. Übergangsregelung

Umrechnung dynamischer Titel über Kindesunterhalt nach § 36 Nr. 3 EGZPO: Ist Kindesunterhalt als Prozentsatz des jeweiligen Regelbetrages zu leisten, bleibt der Titel bestehen. **Eine Abänderung ist nicht erforderlich.** An die Stelle des bisherigen Prozentsatzes vom Regelbetrag tritt ein neuer Prozentsatz vom Mindestunterhalt (Stand: 1. 1. 2008). Dieser ist für die jeweils maßgebliche Altersstufe gesondert zu bestimmen und auf eine Stelle nach dem Komma zu begrenzen (§ 36 Nr. 3 EGZPO). Der Prozentsatz wird auf der Grundlage der zum 1. 1. 2008 bestehenden Verhältnisse einmalig berechnet und bleibt auch bei späterem Wechsel in eine andere Altersstufe unverändert (BGH Urteil vom 18. 4. 12 – XII ZR 66/10 – FamRZ 2012, 1048).

Der Bedarf ergibt sich aus der Multiplikation des neuen Prozentsatzes mit dem Mindestunterhalt der jeweiligen Altersstufe und ist auf volle Euro aufzurunden (§ 1612a Abs. 2 S. 2 BGB). Der Zahlbetrag ergibt sich aus dem um das jeweils anteilige Kindergeld verminderten bzw. erhöhten Bedarf.

Es sind **vier Fallgestaltungen** zu unterscheiden:

1. Der Titel sieht die Anrechnung des hälftigen Kindergeldes (für das 1. bis 3. Kind 77 EUR, ab dem 4. Kind 89,50 EUR) oder eine teilweise Anrechnung des Kindergeldes vor (§ 36 Nr. 3a EGZPO).

   (Bisheriger Zahlbetrag + 1/2 Kindergeld) × 100 : Mindestunterhalt der jeweiligen Altersstufe = Prozentsatz neu

   Beispiel für 1. Altersstufe

   (196 EUR + 77 EUR) × 100 : 279 EUR = 97,8 %

   279 EUR × 97,8 % = 272,86 EUR, aufgerundet 273 EUR

   Zahlbetrag: 273 EUR ./. 77 EUR = 196 EUR

2. Der Titel sieht die Hinzurechnung des hälftigen Kindergeldes vor (§ 36 Nr. 3b EGZPO).

   (Bisheriger Zahlbetrag – 1/2 Kindergeld) × 100 : Mindestunterhalt der jeweiligen Altersstufe = Prozentsatz neu

   Beispiel für 1. Altersstufe

   (273 EUR – 77 EUR) × 100 : 279 EUR = 70,2 %

   279 EUR × 70,2 % = 195,85 EUR, aufgerundet 196 EUR

   Zahlbetrag: 196 EUR + 77 EUR = 273 EUR

3. Der Titel sieht die Anrechnung des vollen Kindergeldes vor (§ 36 Nr. 3c EGZPO).

   (Zahlbetrag + 1/1 Kindergeld) × 100 : Mindestunterhalt der jeweiligen Altersstufe = Prozentsatz neu

   Beispiel für 2. Altersstufe

   (177 EUR + 154 EUR) × 100 : 322 EUR = 102,7 %

   322 EUR × 102,7 % = 330,69 EUR, aufgerundet 331 EUR

   Zahlbetrag: 331 EUR ./. 154 EUR = 177 EUR

4. Der Titel sieht weder eine Anrechnung noch eine Hinzurechnung des Kindergeldes vor (§ 36 Nr. 3d EGZPO).

   (Zahlbetrag + 1/2 Kindergeld) × 100 : Mindestunterhalt der jeweiligen Altersstufe = Prozentsatz neu

   Beispiel für 3. Altersstufe

   (329 EUR + 77 EUR) × 100 : 365 EUR = 111,2 %

   365 EUR × 111,2 % = 405,88 EUR, aufgerundet 406 EUR

   Zahlbetrag: 406 EUR ./. 77 EUR = 329 EUR

Anhang: Tabelle Zahlbeträge

Die folgenden Tabellen enthalten die sich nach Abzug des jeweiligen Kindergeldanteils (hälftiges Kindergeld bei Minderjährigen, volles Kindergeld bei Volljährigen) ergebenden Zahlbeträge. Für das 1. und 2. Kind beträgt das Kindergeld derzeit 184 EUR, für das 3. Kind 190 EUR, ab dem 4. Kind 215 EUR.

	1. und 2. Kind	0 – 5	6 – 11	12 – 17	ab 18	%
1.	bis 1.500	225	272	334	304	100
2.	1.501 – 1.900	241	291	356	329	105
3.	1.901 – 2.300	257	309	377	353	110
4.	2.301 – 2.700	273	327	398	378	115
5.	2.701 – 3.100	289	345	420	402	120
6.	3.101 – 3.500	314	374	454	441	128
7.	3.501 – 3.900	340	404	488	480	136
8.	3.901 – 4.300	365	433	522	519	144
9.	4.301 – 4.700	390	462	556	558	152
10.	4.701 – 5.100	416	491	590	597	160

	3. Kind	0 – 5	6 – 11	12 – 17	ab 18	%
1.	bis 1.500	222	269	331	298	100
2.	1.501 – 1.900	238	288	353	323	105
3.	1.901 – 2.300	254	306	374	347	110
4.	2.301 – 2.700	270	324	395	372	115
5.	2.701 – 3.100	286	342	417	396	120
6.	3.101 – 3.500	311	371	451	435	128

	3. Kind			0 – 5	6 – 11	12 – 17	ab 18	%
7.	3.501	–	3.900	337	401	485	474	136
8.	3.901	–	4.300	362	430	519	513	144
9.	4.301	–	4.700	387	459	553	552	152
10.	4.701	–	5.100	413	488	587	591	160

	Ab 4. Kind			0 – 5	6 – 11	12 – 17	ab 18	%
1.		bis	1.500	209,50	256,50	318,50	273	100
2.	1.501	–	1.900	225,50	275,50	340,50	298	105
3.	1.901	–	2.300	241,50	293,50	361,50	322	110
4.	2.301	–	2.700	257,50	311,50	382,50	347	115
5.	2.701	–	3.100	273,50	329,50	404,50	371	120
6.	3.101	–	3.500	298,50	358,50	438,50	410	128
7.	3.501	–	3.900	324,50	388,50	472,50	449	136
8.	3.901	–	4.300	349,50	417,50	506,50	488	144
9.	4.301	–	4.700	374,50	446,50	540,50	527	152
10.	4.701	–	5.100	400,50	475,50	574,50	566	160

e) RVG-Gebührentabelle mit Gerichtskosten, Rechtsanwaltsgebühren nach RVG

Gegenstandswert bis. . . EUR	0,3	0,5	0,8	1,0	1,3	1,5	Gerichtsgebühr GKG
500	13,50	22,50	36,00	45,00	58,50	67,50	35,00
1.000	24,00	40,00	64,00	80,00	104,00	120,00	83,00
1.500	34,50	57,50	92,00	115,00	149,50	172,50	71,00
2.000	45,00	75,00	120,00	150,00	195,00	225,00	89,00
3.000	60,30	100,50	160,80	201,00	261,30	301,50	108,00
4.000	75,60	126,00	201,60	252,00	327,60	378,00	127,00
5.000	90,90	151,50	242,40	303,00	393,90	454,50	146,00
6.000	106,20	177,00	283,20	354,00	460,20	531,00	165,00
7.000	121,50	202,50	324,00	405,00	526,50	607,50	184,00

Gegenstandswert bis... EUR	0,3	0,5	0,8	1,0	1,3	1,5	Gerichtsgebühr GKG
8.000	136,80	228,00	364,80	456,00	592,80	684,00	203,00
9.000	152,10	253,50	405,60	507,00	659,10	760,50	222,00
10.000	167,40	279,00	446,40	558,00	725,40	837,00	241,00
13.000	181,20	302,00	483,20	604,00	785,20	906,00	267,00
16.000	195,00	325,00	520,00	650,00	845,00	975,00	293,00
19.000	208,80	348,00	556,80	696,00	904,80	1.044,00	319,00
22.000	222,60	371,00	593,60	742,00	964,60	1.113,00	345,00
25.000	236,40	394,00	630,40	788,00	1.024,40	1.182,00	371,00
30.000	258,90	431,50	690,40	863,00	1.121,90	1.294,50	406,00
35.000	281,40	469,00	750,40	938,00	1.219,40	1.407,00	441,00
40.000	303,90	506,50	810,40	1.013,00	1.316,90	1.519,50	476,00
45.000	326,40	544,00	870,40	1.088,00	1.414,40	1.632,00	511,00
50.000	348,90	581,50	930,40	1.163,00	1.511,90	1.744,50	546,00
65.000	374,40	624,00	998,40	1.248,00	1.622,40	1.872,00	666,00
80.000	399,90	666,50	1.066,40	1.333,00	1.732,90	1.999,50	786,00
95.000	425,40	709,00	1.134,40	1.418,00	1.843,40	2.127,00	906,00
110.000	450,90	751,50	1.202,40	1.503,00	1.953,90	2.254,50	1.026,00
125.000	476,40	794,00	1.270,40	1.588,00	2.064,40	2.382,00	1.146,00
140.000	501,90	836,50	1.338,40	1.673,00	2.174,90	2.509,50	1.266,00
155.000	527,40	879,00	1.406,40	1.758,00	2.285,40	2.637,00	1.386,00
170.000	552,90	921,50	1.474,40	1.843,00	2.395,90	2.764,50	1.506,00
185.000	578,40	964,00	1.542,40	1.928,00	2.506,40	2.892,00	1.626,00
200.000	603,90	1.006,50	1.610,40	2.013,00	2.616,90	3.019,50	1.746,00
230.000	639,90	1.066,50	1.706,40	2.133,00	2.772,90	3.199,50	1.925,00
260.000	675,90	1.126,50	1.802,40	2.253,00	2.928,90	3.379,50	2.104,00
290.000	711,90	1.186,50	1.898,40	2.373,00	3.084,90	3.559,50	2.283,00
320.000	747,90	1.246,50	1.994,40	2.493,00	3.240,90	3.739,50	2.462,00
350.000	783,90	1.306,50	2.090,40	2.613,00	3.396,90	3.919,50	2.641,00
380.000	819,90	1.366,50	2.186,40	2.733,00	3.552,90	4.099,50	2.820,00
410.000	855,90	1.426,50	2.282,40	2.853,00	3.708,90	4.279,50	2.999,00

Gegen-standswert bis... EUR	0,3	0,5	0,8	1,0	1,3	1,5	Gerichts-gebühr GKG
440.000	891,90	1.486,50	2.378,40	2.973,00	3.864,90	4.459,50	3.178,00
470.000	927,90	1.546,50	2.474,40	3.093,00	4.020,90	4.639,50	3.357,00
500.000	963,90	1.606,50	2.570,40	3.213,00	4.176,90	4.819,50	3.536,00

f) Gesetzesauszug aus dem BGB

Bürgerliches Gesetzbuch (BGB) in der Fassung der Bekanntmachung vom 2. Januar 2002 (BGBl. I S. 42, ber. S. 2909 und BGBl. 2003 I S. 738). Zuletzt geändert durch Art. 1 G zur Änd. des Zugewinnausgleichs- und Vormundschaftsrechts vom 6. 7. 2009 (BGBl. I S. 1696)

(...)

§ 1598 a Anspruch auf Einwilligung in eine genetische Untersuchung zur Klärung der leiblichen Abstammung. (1) [1]Zur Klärung der leiblichen Abstammung des Kindes können

1. der Vater jeweils von Mutter und Kind,
2. die Mutter jeweils von Vater und Kind und
3. das Kind jeweils von beiden Elternteilen

verlangen, dass diese in eine genetische Abstammungsuntersuchung einwilligen und die Entnahme einer für die Untersuchung geeigneten genetischen Probe dulden. [2]Die Probe muss nach den anerkannten Grundsätzen der Wissenschaft entnommen werden.

(2) Auf Antrag eines Klärungsberechtigten hat das Familiengericht eine nicht erteilte Einwilligung zu ersetzen und die Duldung einer Probeentnahme anzuordnen.

(3) Das Gericht setzt das Verfahren aus, wenn und solange die Klärung der leiblichen Abstammung eine erhebliche Beeinträchtigung des Wohls des minderjährigen Kindes begründen würde, die auch unter Berücksichtigung der Belange des Klärungsberechtigten für das Kind unzumutbar wäre.

(4) [1]Wer in eine genetische Abstammungsuntersuchung eingewilligt und eine genetische Probe abgegeben hat, kann von dem Klärungsberechtigten, der eine Abstammungsuntersuchung hat durchführen lassen, Einsicht in das Abstammungsgutachten oder Aushändigung einer Abschrift verlangen. [2]Über Streitigkeiten aus dem Anspruch nach Satz 1 entscheidet das Familiengericht.

(...)

§ 1600 Anfechtungsberechtigte. (1) Berechtigt, die Vaterschaft anzufechten, sind:

1. der Mann, dessen Vaterschaft nach § 1592 Nr. 1 und 2, § 1593 besteht,
2. der Mann, der an Eides statt versichert, der Mutter des Kindes während der Empfängniszeit beigewohnt zu haben,
3. die Mutter,
4. das Kind und
5. die zuständige Behörde (anfechtungsberechtigte Behörde) in den Fällen des § 1592 Nr. 2.

(2) Die Anfechtung nach Absatz 1 Nr. 2 setzt voraus, dass zwischen dem Kind und seinem Vater im Sinne von Absatz 1 Nr. 1 keine sozial-familiäre Beziehung besteht oder im Zeitpunkt seines Todes bestanden hat und dass der Anfechtende leiblicher Vater des Kindes ist.

(3) Die Anfechtung nach Absatz 1 Nr. 5 setzt voraus, dass zwischen dem Kind und dem Anerkennenden keine sozial-familiäre Beziehung besteht oder im Zeitpunkt der Anerkennung oder seines Todes bestanden hat und durch die Anerkennung rechtliche Voraussetzungen für die erlaubte Einreise oder den erlaubten Aufenthalt des Kindes oder eines Elternteiles geschaffen werden.

(4) [1]Eine sozial-familiäre Beziehung nach den Absätzen 2 und 3 besteht, wenn der Vater im Sinne von Absatz 1 Nr. 1 zum maßgeblichen Zeitpunkt für das Kind tatsächliche Verantwortung trägt oder getragen hat. [2]Eine Übernahme tatsächlicher Verantwortung liegt in der Regel vor, wenn der Vater im Sinne von Absatz 1 Nr. 1 mit der Mutter des Kindes verheiratet ist oder mit dem Kind längere Zeit in häuslicher Gemeinschaft zusammengelebt hat.

(5) Ist das Kind mit Einwilligung des Mannes und der Mutter durch künstliche Befruchtung mittels Samenspende eines Dritten gezeugt worden, so ist die Anfechtung der Vaterschaft durch den Mann oder die Mutter ausgeschlossen.

(6) [1]Die Landesregierungen werden ermächtigt, die Behörden nach Absatz 1 Nr. 5 durch Rechtsverordnung zu bestimmen. [2]Die Landesregierungen können diese Ermächtigung durch Rechtsverordnung auf die zuständigen obersten Landesbehörden übertragen. [3]Ist eine örtliche Zuständigkeit der Behörde nach diesen Vorschriften nicht begründet, so wird die Zuständigkeit durch den Sitz des Gerichts bestimmt, das für die Klage zuständig ist.

(...)

§ 1600 b Anfechtungsfristen. (1) [1]Die Vaterschaft kann binnen zwei Jahren gerichtlich angefochten werden. [2]Die Frist beginnt mit dem Zeitpunkt, in dem der Berechtigte von den Umständen erfährt, die gegen die Vaterschaft sprechen; das Vorliegen einer sozial-familiären Beziehung im Sinne des § 1600 Abs. 2 erste Alternative hindert den Lauf der Frist nicht.

(1 a) [1]Im Fall des § 1600 Abs. 1 Nr. 5 kann die Vaterschaft binnen eines Jahres gerichtlich angefochten werden. [2]Die Frist beginnt, wenn die anfechtungsberechtigte Behörde von den Tatsachen Kenntnis erlangt, die die Annahme rechtfertigen, dass die Voraussetzungen für ihr Anfechtungsrecht vorliegen. [3]Die Anfechtung ist spätestens nach Ablauf von fünf Jahren seit der Wirksamkeit der Anerkennung der Vaterschaft für ein im Bundesgebiet geborenes Kind ausgeschlossen; ansonsten spätestens fünf Jahre nach der Einreise des Kindes.

(2) [1]Die Frist beginnt nicht vor der Geburt des Kindes und nicht, bevor die Anerkennung wirksam geworden ist. [2]In den Fällen des § 1593 Satz 4 beginnt die Frist nicht vor der Rechtskraft der Entscheidung, durch die festgestellt wird, dass der neue Ehemann der Mutter nicht der Vater des Kindes ist.

(3) [1]Hat der gesetzliche Vertreter eines minderjährigen Kindes die Vaterschaft nicht rechtzeitig angefochten, so kann das Kind nach dem Eintritt der Volljährigkeit selbst anfechten. [2]In diesem Falle beginnt die Frist nicht vor Eintritt der Volljährigkeit und nicht vor dem Zeitpunkt, in dem das Kind von den Umständen erfährt, die gegen die Vaterschaft sprechen.

(4) [1]Hat der gesetzliche Vertreter eines Geschäftsunfähigen die Vaterschaft nicht rechtzeitig angefochten, so kann der Anfechtungsberechtigte nach dem Wegfall der Geschäftsunfähigkeit selbst anfechten. [2]Absatz 3 Satz 2 gilt entsprechend.

(5) [1]Die Frist wird durch die Einleitung eines Verfahrens nach § 1598 a Abs. 2 gehemmt; § 204 Abs. 2 gilt entsprechend. [2]Die Frist ist auch gehemmt, solange der Anfechtungsberechtigte widerrechtlich durch Drohung an der Anfechtung gehindert wird. [3]Im Übrigen sind die §§ 206 und 210 entsprechend anzuwenden.

(6) Erlangt das Kind Kenntnis von Umständen, auf Grund derer die Folgen der Vaterschaft für es unzumutbar werden, so beginnt für das Kind mit diesem Zeitpunkt die Frist des Absatzes 1 Satz 1 erneut.

(...)

§ 1609 Rangfolge mehrerer Unterhaltsberechtigter. Sind mehrere Unterhaltsberechtigte vorhanden und ist der Unterhaltspflichtige außerstande, allen Unterhalt zu gewähren, gilt folgende Rangfolge:

1. minderjährige unverheiratete Kinder und Kinder im Sinne des § 1603 Abs. 2 Satz 2,

2. Elternteile, die wegen der Betreuung eines Kindes unterhaltsberechtigt sind oder im Fall einer Scheidung wären, sowie Ehegatten und geschiedene Ehegatten bei einer Ehe von langer Dauer; bei der Feststellung einer Ehe von langer Dauer sind auch Nachteile im Sinne des § 1578 b Abs. 1 Satz 2 und 3 zu berücksichtigen,
3. Ehegatten und geschiedene Ehegatten, die nicht unter Nummer 2 fallen,
4. Kinder, die nicht unter Nummer 1 fallen,
5. Enkelkinder und weitere Abkömmlinge,
6. Eltern,
7. weitere Verwandte der aufsteigenden Linie; unter ihnen gehen die Näheren den Entfernteren vor.

(…)

§ 1685 Umgang des Kindes mit anderen Bezugspersonen. (1) Großeltern und Geschwister haben ein Recht auf Umgang mit dem Kind, wenn dieser dem Wohl des Kindes dient.

(2) [1]Gleiches gilt für enge Bezugspersonen des Kindes, wenn diese für das Kind tatsächliche Verantwortung tragen oder getragen haben (sozial-familiäre Beziehung). [2]Eine Übernahme tatsächlicher Verantwortung ist in der Regel anzunehmen, wenn die Person mit dem Kind längere Zeit in häuslicher Gemeinschaft zusammengelebt hat.

(3) [1]§ 1684 Abs. 2 bis 4 gilt entsprechend. [2]Eine Umgangspflegschaft nach § 1684 Abs. 3 Satz 3 bis 5 kann das Familiengericht nur anordnen, wenn die Voraussetzungen des § 1666 Abs. 1 erfüllt sind.

Anmerkungen

[1] Vgl. die Ausführungen zur Vaterschaftsanfechtung, Kapitel I, Punkt 4.
[2] Vgl. Kapitel I, Punkt 4 zur Vaterschaftsanfechtung.
[3] Desoxyribonukleinsäure.
[4] Vgl. Gesetzestext im Anhang.
[5] Artikel 6 GG (1) Ehe und Familie stehen unter dem besonderen Schutze der staatlichen Ordnung.
(2) Pflege und Erziehung der Kinder sind das natürliche Recht der Eltern und die zuvörderst ihnen obliegende Pflicht. Über ihre Betätigung wacht die staatliche Gemeinschaft.
(3) Gegen den Willen der Erziehungsberechtigten dürfen Kinder nur auf Grund eines Gesetzes von der Familie getrennt werden, wenn die Erziehungsberechtigten versagen oder wenn die Kinder aus anderen Gründen zu verwahrlosen drohen.
(4) Jede Mutter hat Anspruch auf den Schutz und die Fürsorge der Gemeinschaft.
(5) Den unehelichen Kindern sind durch die Gesetzgebung die gleichen Bedingungen für ihre leibliche und seelische Entwicklung und ihre Stellung in der Gesellschaft zu schaffen wie den ehelichen Kindern.
[6] Im Anhang, vgl. § 1600 Abs. 5 BGB.
[7] Vgl. Kapitel V, Punkt 10 zum Scheinvaterregress.
[8] Beispielliste im Anhang.
[9] Vgl. Kapitel II, Punkt 6 zum Auskunftsrecht.
[10] Vgl. http://de.wikipedia.org/wiki/Cochemer_Modell.
[11] Vgl. hierzu Kapitel II, Punkt 2.
[12] Vgl. Gesetzestext im Anhang.
[13] Im Internet unter www.olg-duesseldorf.nrw.de, Anhang Tabelle Stand 1. 1. 2009.
[14] Im Internet unter www.olg-duesseldorf.nrw.de, im Anhang Tabelle Stand 1. 1. 2009.
[15] Vgl. Beispiele im Anhang, S. 90 f.
[16] Im Internet unter www.olg-duesseldorf.nrw.de.
[17] Ausnahme: Geburt des Kindes vor dem 1. 7. 1949.
[18] Die Jahresarbeitsentgeltgrenze ist die Versicherungspflichtgrenze in der Krankenversicherung. Arbeiter und Angestellte unterliegen nur dann der Versicherungspflicht in der Krankenversicherung, wenn ihr regelmäßiges Jahresarbeitsentgelt die für diesen Versicherungszweig geltende Jahresarbeitsentgeltgrenze nicht überschreitet (§ 6 Abs. 1 Nr. 1 SGB V), bei Überschreitung sind sie versicherungsfrei. Die Jahresarbeitsentgeltgrenzen werden zum 1. 1. eines jeden Jahres in dem Verhältnis dynamisiert, wie sich die Löhne und Gehälter der Arbeitnehmer im vergangenen Jahr zum vorvergangenen Jahr verändert haben. Dabei werden die veränderten Beträge für das Kalenderjahr, für das die Jahresarbeitsentgeltgrenze bestimmt wird, auf das nächsthöhere Vielfache von 450 aufgerundet. Die Anpassungen für das Folgejahr werden wiederum auf der Basis der ungerundeten Werte des Vorjahres vorgenommen.
Jahresarbeitsentgeltgrenzen:
2003: 45.900 EUR; 2004: 46.350 EUR; 2005: 46.800 EUR 2006: 47.250 EUR; 2007: 47.700 EUR; 2008: 48.150 EUR.
[19] Vgl. Gebührentabelle im Anhang.
[20] Vgl. Gebührentabelle im Anhang.
[21] Vgl. unten Punkt 2.
[22] Vgl. oben Punkt 2.
[23] Quelle: Bundesministerium des Inneren.
[24] Quelle: Pressemitteilung des Statistischen Bundesamtes Nr. 481 vom 28. 11. 2007.

[25] Quelle: Statistisches Bundesamt.
[26] Quelle: Statistisches Bundesamt.

Sachverzeichnis

F

G

H

I

J

K

Von der Jugend bis ins Alter

Recht in allen Lebenslagen

Jugend und Recht

JugR · Jugendrecht
SGB VIII – Kinder- und Jugendhilfe, AdoptionsvermittlungsG, UnterhaltsvorschussG, JugendschutzG.
Textausgabe **Toptitel**
35. Aufl. 2014. 562 S.
€ 8,90 dtv 5008

Schule und Hochschule

Staupe
Schulrecht von A–Z
Noten und Zeugnisse · Schüler- und Elternrechte · Haftung und Rechtsschutz.
Rechtsberater
6. Aufl. 2007. 332 S.
€ 13,50. dtv 5232
Das umfassende Lexikon für Eltern, Lehrer und Schüler.

Lenßen
Dein Recht: Jugend und Schule
Beck im dtv
1. Aufl. 2009. 108 S.
€ 6,90. dtv 50453
Der kompakte Ratgeber für Jugendliche, um auch schwierige Lebenssituationen zu meistern.

Birnbaum
Mein Recht bei Prüfungen
Grundlagen · Anfechtung · Rechtsschutz.
Rechtsberater
1. Aufl. 2007. 230 S.
€ 9,50. dtv 50647
Effektive Hilfe für Prüflinge, Prüfer und Behörden.

Brehm/Zimmerling
Erfolgreich zum Studienplatz
ZVS · NC · Auswahlgespräche und -tests · Rechtsschutz · Studienplatzklage.
Rechtsberater
1. Aufl. 2007. 231 S.
€ 11,50. dtv 50652
Macht mit Tipps und Hinweisen den Weg zum Wunschstudium frei.

BAföG · Bildungsförderung
Textausgabe
31. Aufl. 2013. 262 S.
€ 12,90. dtv 5033
BundesausbildungsförderungsG mit Durchführungsverordnungen und Ausbildungsförderungsgesetzen der Länder, BerufsbildungsG, StipendienprogrammG und Meister-BAföG.

Theisen
ABC des wissenschaftlichen Arbeitens
Erfolgreich in Schule, Studium und Beruf.
Beck im dtv
1. Aufl. 2006. 263 S.
€ 9,50. dtv 50897

Gramm/Wolff
Jura – erfolgreich studieren
Für Schüler und Studenten.
Rechtsberater **Toptitel**
7. Aufl. 2015. Rd. 270 S. **Neu**
Ca. € 14,90. dtv 50770
In Vorbereitung für 2015
Auch als ebook erhältlich.

Das Buch liefert detaillierte Informationen und Tipps zum Jurastudium. Ein Eignungstest für junge Juristen am Ende des Bandes bietet eine wichtige Entscheidungshilfe.

Ehe, Familie und Partnerschaft

FamR · Familienrecht
Zu Ehe, Scheidung, Unterhalt, Versorgungsausgleich, Lebenspartnerschaft und internationalem Recht.
Textausgabe **Toptitel**
16. Aufl. 2014. 895 S.
€ 13,90. dtv 5577

Mit der aktuellen Düsseldorfer Tabelle.

von Münch/Backhaus
Ehe- und Familienrecht von A–Z
Über 500 Stichwörter zur aktuellen Rechtslage.
Rechtsberater
16. Aufl. 2010. 510 S.
€ 19,90. dtv 5042
Auch als ebook erhältlich.

Annahme als Kind, Betreuung, Ehe, elterliche Sorge, Güterstand, Kindschaftssachen, Nichtehelichkeit, Scheidung, Unterhalt, Zugewinn, Lebenspartnerschaft.

Klein
Eheverträge
Sicherheit für die Zukunft.
Rechtsberater **Toptitel**
1. Aufl. 2012. 258 S.
€ 14,90. dtv 50719
Auch als ebook erhältlich.

Kompakter Ratgeber für die Regelungen in Ihrem Ehevertrag – vor Schließung der Ehe, während der Ehe und im Fall von Trennung und Scheidung.

Dahmen-Lösche
Ehevertrag – Vorteil oder Falle?
So finden Sie Ihre perfekte Regelung.
Rechtsberater
2. Aufl. 2011. 159 S.
€ 10,90. dtv 50656

Welche Klauseln vorteilhaft sind und wo die Fallen liegen erläutert ausführlich und mit zahlreichen Mustern und Beispielen versehen dieses Buch.

Peyerl
Ehevertrag und Scheidungsvereinbarung in Frage und Antwort
Güterstand, Unterhalt, Versorgungsausgleich und Zugewinn richtig regeln.
Rechtsberater
1. Aufl. 2011. 127 S.
€ 8,90. dtv 50681
Auch als **ebook** erhältlich.

Langenfeld
Ehevertrag und Scheidungsvereinbarung
Vertragsmuster mit Erläuterungen.
Rechtsberater
12. Aufl. 2012. 139 S.
€ 11,90. dtv 5226

Ausführliche Erläuterung der Grundlagen und typischen Konstellationen für vorsorgende Eheverträge und Scheidungsvereinbarungen.

Grziwotz
Rechtsfragen zu Ehe und Lebenspartnerschaft
Rechte und Pflichten, Unterhalt, Vermögensrecht und Verträge.
Rechtsberater
4. Aufl. 2010. 156 S.
€ 10,90. dtv 50611

Perfekter Rechtsrat für Verheiratete und Lebenspartner sowie alle, die heiraten oder eine Lebenspartnerschaft eingehen wollen.

Grziwotz
Rechtsfragen des nichtehelichen Zusammenlebens
Ein Ratgeber für gleich- und verschiedengeschlechtliche Paare.
Rechtsberater
3. Aufl. 2010. 179 S.
€ 11,90. dtv 50613

Umfassende Beratung zu den Themen Lebensgemeinschaft, gemeinsame Wohnung, Haushalt und Vermögen, Unterhalt, Altersvorsorge, Kinder, erbrechtliche Absicherung u.v.m.

Schwab/Görtz-Leible
Meine Rechte bei Trennung und Scheidung
Unterhalt · Ehewohnung · Sorge · Zugewinn- und Versorgungsausgleich.
Rechtsberater **Toptitel**
8. Aufl. 2014. 327 S.
€ 13,90. dtv 50730
Auch als **ebook** erhältlich.

Ratgeber zu allen Rechtsfragen bei Trennung und Scheidung.

Grziwotz/Kappler/Kappler
Trennung und Scheidung richtig gestalten
Getrenntleben, Scheidung, Lebenspartnerschaftsaufhebung, Vermögensauseinandersetzung und Unterhalt.
Rechtsberater **Toptitel**
8. Aufl. 2013. 303 S.
€ 12,90. dtv 50731
Auch als **ebook** erhältlich.

Informiert über die gesetzlichen Regelungen und zeigt Vereinbarungsmöglichkeiten.

Dahmen-Lösche
Scheidungsberater für Frauen
Ihre Rechte und Ansprüche bei Trennung und Scheidung.
Rechtsberater
2. Aufl. 2009. 159 S.
€ 9,90. dtv 50641

Dieses Buch berät umfassend mit vielen Beispielen, Mustern und Checklisten.

Schlickum
Scheidungsberater für Männer
Meine Rechte und Ansprüche bei Trennung und Scheidung.
Rechtsberater
3. Aufl. 2013. 192 S.
€ 12,90. dtv 50725
Auch als ebook erhältlich.

Der umfassende Rechtsberater für Ehemänner und Väter, die sich nicht aus ihrer Verantwortung drängen lassen wollen. Mit neuem Unterhaltsrecht.

Peyerl
Vermögensteilung bei Scheidung
So sichern Sie Ihre Ansprüche.
Rechtsberater
2. Aufl. 2010. 119 S.
€ 9,90. dtv 50659

Mit zahlreichen Tipps und Beispielen.

Strecker
Versöhnliche Scheidung
Trennung, Scheidung und deren Folgen einvernehmlich regeln.
Rechtsberater **Neu**
5. Aufl. 2014. 349 S.
€ 16,90. dtv 50759
Neu im September 2014

Bietet Hilfe bei der Suche nach einvernehmlichen Lösungen während Trennung und Scheidung. Berücksichtigt sind auch psychologische Aspekte.

Dahmen-Lösche
Unterhalt
So wehren Sie sich bei Trennung und Scheidung gegen unberechtigte Forderungen.
Rechtsberater
1. Aufl. Rd. 150 S.
Ca. € 7,90. dtv 50685
In Vorbereitung

Strategien nach der Reform im Unterhaltsrecht zur Abwehr und Begrenzung von Unterhaltsforderungen.

Lenßen
Ihr Recht: Scheidung und Unterhalt
Beck im dtv
1. Aufl. 2009. 100 S.
€ 6,90. dtv 50451

Die verständliche Einführung, damit Sie Ihre Rechte bei Trennung und Scheidung kennen.

Heiß/Heiß
Die Höhe des Unterhalts von A–Z
Mehr als 400 Stichwörter zum aktuellen Unterhaltsrecht.
Rechtsberater Toptitel
11. Aufl. 2012. 557 S.
€ 19,90. dtv 5059
Auch als **ebook** erhältlich.

Dieser Rechtsberater bietet als umfassendes Lexikon Antwort zu allen Unterhaltsfragen.

Lindemann-Hinz
Elternunterhalt
Das müssen Kinder für ihre Eltern zahlen.
Rechtsberater Toptitel
2. Aufl. 2013. 169 S.
€ 12,90. dtv 50690

Alles Wichtige zum Unterhalt für Eltern: Ansprüche, Höhe, Vermögen, Überleitung, Verfahren u.v.m.

Schulte/Heider
Eltern und Kinder
Elterliche Sorge · Umgang · Unterhalt.
Rechtsberater
3. Aufl. 2011. 255 S.
€ 15,90. dtv 5648

Rechte und Pflichten gegenüber Partnern und Kindern sowie alles zu Jugendamt, Familiengericht, Unterhaltsvorschuss und Sozialhilfe, Namensrecht sowie Erbrecht.

Wernitznig
Meine Rechte und Pflichten als Vater
Vaterschaft, Sorgerecht, Umgang, Namensrecht, Unterhaltsfragen, erbrechtliche und steuerrechtliche Fragen.
Rechtsberater Neu
2. Aufl. 2014. 148 S.
€ 11,90. dtv 50756
Auch als **ebook** erhältlich.
Neu im November 2014

Das Werk behandelt das Thema leicht und verständlich und erklärt es anhand von vielen Beispielen.

Oberloskamp/Hoffmann
Wir werden Adoptiv- oder Pflegeeltern
Verfahren im In- und Ausland.
Rechtsberater
5. Aufl. 2006. 399 S.
€ 13,50. dtv 5215

Alles Wichtige zu Voraussetzungen und Rechtsfolgen, insbesondere bei Auslandsadoptionen; Erziehungsrechte, Unterhalt und Kindergeld.

Raack/Doffing/Raack
Recht der religiösen Kindererziehung
Unser Kind und seine Religion.
Rechtsberater
1. Aufl. 2003. 275 S.
€ 11,50. dtv 5676

Behinderung

**SGB IX ·
Rehabilitation und Teilhabe behinderter Menschen**
Textausgabe **Neu**
8. Aufl. 2014. 800 S.
€ 17,90. dtv 5755
Neu im Juli 2014

SGB IX mit allen Schwerbehindertenverordnungen, Behindertengleichstellungsgesetz, Auszüge aus anderen Sozialgesetzbüchern, einschlägige Steuervorschriften sowie das Bundesversorgungsgesetz.

Majerski-Pahlen/Pahlen
Mein Recht als Schwerbehinderter
Erwerbstätigkeit · Sozialleistungen · Steuern · Nachteilsausgleiche.
Rechtsberater
8. Aufl. 2010. 293 S.
€ 12,90. dtv 5252

Alles Wissenswerte für Betroffene, Angehörige und Betreuer. Mit allen Neuerungen durch Hartz IV.

Greß
Recht und Förderung für mein behindertes Kind
Elternratgeber für alle Lebensphasen – alles zu Sozialleistungen, Betreuung und Behindertentestament.
Rechtsberater **Neu**
2. Aufl. 2014. 334 S.
€ 16,90. dtv 50745
Auch als ebook erhältlich.
Neu im August 2014

Dieser Rechtsberater informiert über Sozialleistungen und Rechte, die Eltern mit behinderten Kindern zustehen.

Betreuung und Alter

BtR · Betreuungsrecht
BetreuungsG, Betreuungsbehörden G, Vormünder- und BetreuervergütungsG.
Textausgabe **Neu**
12. Aufl. 2014. 164 S.
€ 6,90. dtv 5570
Neu im Juli 2014

Zimmermann
Ratgeber Betreuungsrecht
Hilfe für Betreute und Betreuer.
Rechtsberater **Toptitel**
10. Aufl. 2014. 317 S.
€ 18,90. dtv 50743
Auch als ebook erhältlich.

Der Ratgeber informiert umfassend und in verständlicher Sprache über alle Rechte und Pflichten der Beteiligten bei einer Betreuung. Alles Wissenswerte zur „Patientenverfügung" wird dargestellt.

Dankelmann
Mehr Geld für Rentner
So erhalten Sie alle Leistungen, die Ihnen zustehen.
Rechtsberater **Neu**
1. Aufl. 2014. 239 S.
€ 11,90. dtv 50722
Auch als ebook erhältlich.
Neu im Oktober 2014

Der neue Band ist eine wertvolle Orientierungshilfe für Rentner, um alle Leistungen und Ansprüche durchzusetzen – ob Grundsicherung, Arbeitslosen-, Kranken-, Pflege-, Unfall- und Rentenversicherung oder Rieser- und Rürup-Verträge.

Zimmermann
Betreuungsrecht von A–Z
Rund 470 Stichwörter zum aktuellen Recht.
Rechtsberater Toptitel
5. Aufl. 2014. 389 S. Neu
€ 19,90. dtv 50757
Neu im September 2014

Der Ratgeber informiert lexikalisch umfassend und leicht verständlich über alle wesentlichen Fragen der Betreuung.

Winkler
Betreuung in Frage und Antwort
Alle rechtlichen Aspekte für Betreute und Betreuer.
Rechtsberater Neu
1. Aufl. 2014. 239 S.
€ 14,90. dtv 50682
Neu im September 2014

Mit zahlreichen Beispielen und Checklisten.

Kempchen
Der neue Wohn- und Betreuungsvertrag
Was Betroffene und Angehörige beim Vertragsabschluss beachten sollten.
Rechtsberater
1. Aufl. 2013. 258 S.
€ 14,90. dtv 50724
Auch als ebook erhältlich.

Kompakt und verständlich erläutert das Werk alles Wichtige zum Wohn- und Betreuungsvertrag. Praktische Tipps, Hinweise, Vertragsmuster und praktische Beispiele runden die Darstellung ab.

Sengler/Zinsmeister
Mein Recht bei Pflegebedürftigkeit
Praxisleitfaden zur Pflegeversicherung.
Rechtsberater
3. Aufl. 2006. 346 S.
€ 12,50. dtv 5650

Hinweise, Beispiele und Adressen bieten wichtige Hilfen.

Zimmer
Ratgeber Demenzerkrankungen
Rechts- und Praxistipps für Angehörige und Betreuer.
Rechtsberater
1. Aufl. 2009. 256 S.
€ 13,90. dtv 50672

Alles zu rechtlicher Vorsorge, Betreuung, Pflege und vielen weiteren Themen.

Lenz/Roglmeier
Vorsorgeregelungen
Patientenverfügung, Vorsorgevollmacht, Betreuungsverfügung.
Rechtsberater
1. Aufl. 2010. 167 S.
€ 13,90. dtv 50708

Putz/Steldinger
Patientenrechte am Ende des Lebens
Vorsorgevollmacht · Patientenverfügung · Selbstbestimmtes Sterben.
Rechtsberater Toptitel
5. Aufl. 2014. 337 S.
€ 15,90. dtv 50746

Beantwortet die wichtigen Fragen rund um das »Selbstbestimmte Sterben«

Erben und Vererben

ErbR · Erbrecht
Bürgerliches Gesetzbuch, Europäische ErbrechtsVO, Zivilprozessordnung, Familienverfahrensgesetz, Beurkundungsgesetz, Höfeordnung, Erbschaftsteuer- und Schenkungsteuergesetz, Einkommensteuergesetz, Bewertungsgesetz, Sozialrecht und aktuelle Sterbetafeln.
Textausgabe
3. Aufl. 2014. 642 S.
€ 21,90. dtv 5779

Ubert
Guter Rat zu Testament und Erbfall
Was Erblasser und Erben wissen und beachten sollten.
Rechtsberater
5. Aufl. 2010. 412 S.
€ 14,90. dtv 50622

Ratgeber zu allen Rechtsfragen rund um Testament und Erbfall. Eine umfassende und allgemein verständliche Darstellung des Erbrechts und der steuerrechtlichen Fragen. Mit vielen Beispielen, Tipps und Mustern.

Lenßen
Ihr Recht: Testament und Erbschaft
Beck im dtv
1. Aufl. 2009. 110 S.
€ 6,90. dtv 50452

Der einfache Einstieg in das Erbrecht, damit Sie wissen, worauf es ankommt.

Klinger
Erbrecht in Frage und Antwort
Vorsorge zu Lebzeiten, Erbfall, Testament, Erbvertrag, Vollmachten, Steuern, Kosten.
Rechtsberater **Toptitel**
4. Aufl. 2013. 388 S.
€ 15,90. dtv 50637
Auch als **ebook** erhältlich.

Der Ratgeber erklärt leicht verständlich alle Fragen zu Testament, Erbvertrag, Widerruf und Anfechtung letztwilliger Verfügungen. Das neue Erbschaftsteuerrecht wird überall berücksichtigt. Zahlreiche Tipps zur Formulierung machen die Umsetzung einfach.

Winkler
Erbrecht von A–Z
Über 240 Stichwörter zum aktuellen Recht.
Rechtsberater **Toptitel**
13. Aufl. 2013. 367 S.
€ 15,90. dtv 50729
Auch als **ebook** erhältlich.

Übersichtlich, klar und verständlich erfahren Sie alles zu Testament und Erbvertrag, Erbfolge und Pflichtteilsrecht, Erbenhaftung, Erbengemeinschaft, Erbschein und Erbschaftsteuer. Mit zahlreichen Formulierungsbeispielen.

Ritter
Ratgeber Erbrecht
Erben und vererben.
Rechtsberater **Toptitel**
2. Aufl. 2014. 205 S.
€ 14,90. dtv 50726
Auch als ebook erhältlich.

Ein umfassender Überblick über das deutsche Erbrecht. Von der richtigen Vorsorge zu Lebzeiten (wie z.B. Testament, Erbvertrag, Schenkung) bis hin zu den Besonderheiten bei Ehepaaren (mit oder ohne Kinder), Alleinstehenden, Lebensgemeinschaften oder Geschiedenen.

Horn
Ratgeber für Erben
Recht bekommen bei der Abwicklung des Erbes, in der Erbengemeinschaft und beim Pflichtteil.
Rechtsberater
2. Aufl. 2013. 271 S.
€ 14,90. dtv 50699

Rechte und Pflichten des Erben: Sicherung des Nachlasses, Haftungsvermeidung, Erbengemeinschaft, Auseinandersetzung u.v.m.

Zimmermann
Ratgeber Erbengemeinschaft
Was Erben wissen sollten.
Rechtsberater
1. Aufl. 2008. 204 S.
€ 12,–. dtv 50670

Alle wesentlichen rechtlichen und steuerlichen Aspekte rund um die Erbengemeinschaft.

Klinger/Roth
Testament für Unternehmer und Freiberufler
Vorsorge und letztwillige Verfügung.
Rechtsberater
1. Aufl. 2010. 135 S.
€ 11,90. dtv 50658

Alle wichtigen Regelungen für Selbstständige mit zahlreichen Mustern und der Vorsorgevollmacht.

Zimmermann
Rechtsfragen bei einem Todesfall
Erbrecht · Testament · Steuern · Versorgung · Bestattung.
Rechtsberater
6. Aufl. 2010. 273 S.
€ 14,90. dtv 5632

Klinger/Schulte
Immobilien schenken und vererben
Ein Ratgeber für Eigentümer und ihre Erben.
Rechtsberater **Toptitel**
3. Aufl. 2014. 145 S.
€ 13,90. dtv 50732
Auch als ebook erhältlich.

Mit praxiserprobten Musterformulierungen für rechtssichere Übergabeverträge und Testamente.

Klinger/Roth
Testamentsvollstreckung
Richtig anordnen, durchführen und kontrollieren.
Rechtsberater **Neu**
2. Aufl. 2014. 207 S.
€ 13,90. dtv 50754

Burmann/Gebhardt
Bußgeldkatalog von A–Z
Geldbußen · Verfahrensablauf · Rechtsschutz.
Rechtsberater
3. Aufl. 2009. 189 S.
€ 12,90. dtv 5681

Lenßen
Ihr Recht: Führerschein und Bußgeld
Der verständliche Ratgeber zum Straßenverkehrsrecht.
Beck im dtv
1. Aufl. 2009. 121 S.
€ 6,90. dtv 50456

Meine Führerscheinprüfung
Prüfungsrichtlinie mit Anlagen und allen Prüfungsfragen nebst richtigen Antworten für die Fahrerlaubnisprüfung (Klassen A, A1, B, M, S) und die Prüfung zum Führen von Mofas.
Beck im dtv **Toptitel**
32. Aufl. 2013. 421 S.
€ 11,90. dtv 50728
Mit allen Änderungen der Prüfungsfragen ab 1.4.2013.

Krumm
Führerschein weg – was nun?
Strafverfahren, Bußgeldverfahren, Entzug der Fahrerlaubnis, Fahrverbot, Wiedererteilung.
Rechtsberater
2. Aufl. 2010. 261 S.
€ 16,90. dtv 50698
Auch als ebook erhältlich.
Kompetente »Erste Hilfe« und schnelle Information bei Fragen zum Führerscheinentzug. Alle Informationen zu Strafverfahren, Bußgeldverfahren, Punktesystem.

Müller-Piepenkötter
Auto kaufen und verkaufen
Neuwagen · Gebrauchtwagen · Importfahrzeuge · Leasing.
Rechtsberater
1. Aufl. 2006. 195 S.
€ 10,–. dtv 50634
Umfassendes Know-how für Käufer und Verkäufer von der Vorbereitung über Vertragsabschluss und -durchführung bis zur Rechtsdurchsetzung.

Informationsrecht

CompR · IT- und Computerrecht
Elektronischer Geschäftsverkehr, Zivilrecht, Strafrecht, Urheberrecht und gewerblicher Rechtsschutz, Datenschutz und Arbeitsschutz, IT-Beschaffung.
Textausgabe **Toptitel**
11. A. 2015. Rd. 750 S. **Neu**
Ca. € 15,90. dtv 5562
In Vorbereitung für November 2014
Mit einem ausführlichen Überblick zur Entwicklung des Computerrechts.

TeleMediaR · Telekommunikations- und Multimediarecht
Telekommunikationsgesetz, Rahmenrichtlinie, Zugangsrichtlinie, Telekommunikations-ÜberwachungsVO, Telemediengesetz, Signaturgesetz, Rundfunkstaatsvertrag, Jugendmedien--schutz-Staatsvertrag u.a.m.
Textausgabe **Neu**
10. Aufl. 2014. 821 S.
€ 22,90. dtv 5598
Neu im Juli 2014

DatSchR · Datenschutzrecht
Textausgabe **Toptitel**
6. Aufl. 2014. 560 S. **Neu**
€ 19,90. dtv 5772
Neu im Juli 2014

BundesdatenschutzG, InformationsfreiheitsG, TelemedienG, TelekommunikationsG (Auszug), EG-DatenschutzRL, EU-DatenschutzgrundVO (Entwurf), Standardvertragsklauseln für die Übermittlung personenbezogener Daten in Drittländer.

Schröder
Datenschutzrecht für die Praxis
Grundlagen, Datenschutzbeauftragte, Audit, Handbuch, Haftung.
Beck im dtv
1. Aufl. 2012. 220 S.
€ 19,90. dtv 50711

Freizeit und Gesundheit

Führich
Reiserecht von A–Z
Über 700 Stichwörter zum Tourismusrecht.
Rechtsberater
3. Aufl. 2006. 400 S.
€ 14,50. dtv 5643

Alles zu Reisebuchung und -stornierung, Informationspflichten, Rechten bei Reisemängeln, Durchsetzung von Ansprüchen, Versicherungen etc.

GesundheitsR · Gesundheitsrecht
InfektionsschutzG, BetäubungsmittelG, EmbryonenschutzG, HeilpraktikerG, RöntgenVO, MedizinprodukteG, PsychotherapeutenG, HeilmittelwerbeG, zahlreiche arzneimittelrechtliche europäische Vorschriften u.a.
Textausgabe
6. Aufl. 2009. 1040 S.
€ 24,90. dtv 5555

GOÄ · Gebührenordnungen für Ärzte und Zahnärzte
Mit Gebührenverzeichnissen für ärztliche und zahnärztliche Leistungen.
Textausgabe **Neu**
12. Aufl. 2014. 402 S.
€ 11,90. dtv 5551
Neu im Juli 2014

Rehborn
Arzt – Patient – Krankenhaus
Rechte und Pflichten.
Rechtsberater
3. Aufl. 2000. 439 S.
€ 13,–. dtv 5091

LMR · Lebensmittelrecht
EG-Lebensmittel-BasisVO, Lebensmittel- und Futtermittelgesetzbuch mit den wichtigsten Durchführungsvorschriften.
Textausgabe
5. Aufl. 2013. 342 S.
€ 13,90. dtv 5766